DU PRINCIPE

CONSERVATEUR,

OU

DE LA LIBERTÉ

CONSIDÉRÉE

SOUS LE RAPPORT DE LA JUSTICE ET DU JURY,

PAR M. LE CHEVALIER MÉZARD,

Ancien Procureur-Général près la Cour Criminelle de Vaucluse, actuellement Premier Président de la Cour Royale d'Ajaccio.

« Qu'on dise en politique tout se qu'on
» voudra....... argumentez, faites des sys-
» tèmes, employez toutes les subtilités pos-
» sibles , vous serez obligé d'en revenir ,
» malgré vous, à la justice. »

L'Anti-Machiavel; chap. 24.

PARIS,

Chez Béchet aîné, Libraire, quai des Augustins, n° 57.

A ROUEN.

Chez Béchet fils, Libraire, rue Grand-Pont, n° 73.

1820.

DU PRINCIPE

CONSERVATEUR.

PRÉFACE (1).

COMBATTRE les opinions pernicieuses, lorsqu'elles se propagent dans la société, est le devoir de tout écrivain qui s'occupe de matières politiques.

Défendre des vérités qui ne sont pas contestées, déclamer contre l'autorité absolue, sous un gouvernement modéré, et contre l'anarchie, lorsque l'ordre public est solidement établi, est une chose au moins inutile, si elle ne blesse pas les convenances.

(1) Cette Préface a été faite en avril dernier, époque à laquelle je me disposais à faire paraître cet ouvrage : mais, mon devoir m'ayant appelé à mon poste, il m'a fallu attendre les vacances.

Mais c'est le comble de la bassesse que de n'écrire que pour flatter l'autorité ou le public, et pour les entretenir dans des erreurs qui leur plaisent.

Je signalai, en 1788, les abus de l'ancien ordre judiciaire, lorsqu'ils étaient dans toute leur vigueur, et en face d'une magistrature encore puissante.

Mais, je ne tardai pas à m'apercevoir que les nouveaux abus qu'on voulait introduire étaient pirés que les anciens, et j'en dis aussi ma pensée, malgré la défaveur qui poursuivait les amis de l'ordre et des principes.

J'ai défendu ouvertement, en 1815, l'ordre public, attaqué par les passions, au risque de déplaire à ceux que je voulais servir.

A présent que je vois la liberté méconnue, la justice impuissante, les fausses doctrines préconisées, des signes précurseurs du désordre, qu'il me soit per-

mis , quelque faibles que soient mes
moyens, de jeter quelques gouttes d'eau
sur ces brasiers prêts à s'enflammer, (je
devrais dire à présent mal éteints).; et
de voir s'il ne serait pas possible de calmer les esprits, en les éclairant.

Ce ne sont pas les constitutions qui nous
ont manqué depuis trente ans. Nous
avons eu une monarchie démocratique ,
une république, du moins en peinture,
un directoire de cinq membres, un consulat à vie, le despotisme d'un seul : enfin, notre roi légitime a été rendu à nos
vœux, et il nous a donné une Charte
que nous avons reçue avec transport ; et
cependant quels fruits avons-nous retirés
de toutes ces épreuves ? Beaucoup de
folies et de malheurs , avec quelques
intervalles de calme et d'espérance.
Y aurait-il donc dans cette constante
instabilité une cause secrète qui eût été
ignorée ou dissimulée ? serait-il vrai que

les lois et les constitutions ne suffisent pas pour rendre les peuples heureux? C'est un problême sur lequel je me propose de répandre quelques lumières.

Les opinions que je vais professer, je les avais en 1790, et une longue et triste expérience n'a fait que les confirmer.

Les malheurs que j'ai éprouvés dans la révolution, les fonctions publiques que j'ai exercées, sans autre interruption depuis quarante ans, que celle qui m'était prescrite par l'honneur et par ma conscience, la méfiance de mes forces et le découragement qui, plusieurs fois, m'ont fait abandonner mon entreprise; mon éloignement, depuis plus de quatre ans, du continent français, et de toutes les sources d'instruction, ont retardé jusqu'à présent l'achèvement de cet ouvrage. Tout imparfait qu'il est, je ne puis plus en différer la publication; je touche au terme de ma carrière; bientôt je ne

serai plus en état que de me réjouir, ou
de gémir en moi-même, sur le bien ou
le mal qui se fera dans ma patrie, et je
veux, avant qu'il n'en soit plus temps,
m'épargner le reproche, je dirais presque
le remords, d'avoir sacrifié à mon repos
des observations que je crois utiles.

Quoique j'attaque beaucoup d'opinions, mon intention n'a jamais été d'ir-
riter aucun parti. Je suis persuadé que
c'est moins à la dépravation du cœur
qu'aux égaremens de l'esprit, qu'il faut
attribuer les excès de notre révolution.
Si l'erreur n'y avait pris aucune part,
nous n'aurions pas eu à déplorer tant de
crimes. J'ai vu beaucoup d'honnêtes gens
ramenés par l'expérience à des idées saï-
nes; pourquoi la raison et une réfutation
modérée des mauvais principes, ne pour-
raient-elles pas avoir le même résultat?

C'est cette idée qui m'a soutenu dans
mon travail : puissé - je léguer à une

plume plus exercée et plus éloquente.
le soin de donner au *Principe Conservateur* la force et le développement.
qu'on ne trouvera pas dans cet écrit.

TABLE.

Préface.   Pag.   j

LIVRE PREMIER.

De la liberté.

Chap. Ier. — Définition et caractères de la liberté.   3
Chap. II — Fausses idées de la liberté.   10
Chap. III. — A quels signes reconnaît-on la liberté ?   19
Chap. IV. — Des Beaux-Arts et de l'Imagination.   24
Chap. V. — De l'Indépendance nationale.   28
Chap. VI. — Quelles sont, dans les États, les personnes non-libres ?   32
Chap. VII. — De la responsabilité des Ministres. 34
Chap. VIII. — De la liberté de la presse.   37
Chap. IX. — De l'admissibilité aux Emplois.   40
Chap. X. — De l'amour-propre, de l'orgueil, de l'envie.   43
Chap. XI. — Du Système représentatif.   47
Chap. XII. — De la Souveraineté du peuple.   56
Chap. XIII. — Des Révolutions.   61

xij

Chap. XIV. — De l'utilité publique.   Pag.   63
Chap. XV. — De l'impôt.   65
Chap. XVI. — Du principe absolu.   67

LIVRE DEUXIÈME.

De la justice distributive.

Chap. Ier. — Origine de la justice distributive.   73
Chap. II. — Etendue du pouvoir judiciaire.   76
Chap. III — Principe de l'organisation judiciaire.   84

LIVRE TROISIÈME.

Du jury en général.

Chap. Ier. — De l'opposition du jury au principe
judiciaire.   97
Chap. II. — Affaires criminelles.   100
Chap. III. — De l'indulgence des jurés.   105
Chap. IV. — De l'impunité.   106

LIVRE QUATRIÈME.

Examen des principes invoqués en faveur du jury.

Chap. Ier. — Passage de Voltaire   114
Chap. II. — Passage de Montesquieu.   116
Chap. III. — Rapport de M. Bergasse.   119
Chap. IV. — Opinion de M. Adrien Duport.   125
Chap. V. — Conséquence de l'opinion de M. Du-
port.   132
Chap. VI. — Suite du chapitre précédent. Du sys-
tème divisoire.   137

LIVRE CINQUIÈME.

De la justice criminelle chez quelques peuples.

Chap. Ier. — Le la Législation anglaise.   Pag.   148
Chap. II. — De la Législation d'Athènes.   164
Chap. III. — De la Législation romaine.   171
Chap. IV. — Lois des Germains et des Francs.   188

LIVRE SIXIÈME.

Epreuve du jury français.

Chap. Ier. — Méfiance de la loi.   196
Chap. II. — Formation de la liste des Jurés.   197
Chap. III. — Des récusations.   201
Chap. IV. — Réclusion des Jurés et défense de
communiquer.   204
Chap. V. — Défense de s'occuper des suites de la
déclaration.   206
Chap. VI. — Moyens pour réparer les erreurs du
jury.   210
Chap. VII. — S'il est avantageux que les Jurés
connaissent l'accusé.   216
Chap. VIII. — Du président des Assises.   221
Chap. IX. — Ce qu'il faut penser de l'indulgence
des Jurés.   —   226
Chap. X. — Preuves matérielles que les Jurés
sont plus sévères dans leurs résultats que les
juges.   233
Chap. XI. — Complexité des questions.   241
Chap. XII. — Simplicité du Code pénal.   246

Chap. XIII. — De l'esprit de classe et de profes-
sion.   Pag. 252
Chap. XIV. — De la longueur des procès.   253
Chap. XV. — Des dommages et intérêts.   256
Chap. XVI — Impuissance des corrections.   260
Chap. XVII. — Comparaison des deux méthodes. 264

LIVRE SEPTIÈME.

Réformes à faire.

Chap. Ier. — Du Matériel.   271
Chap. II. — Du Moral. — Changemens à faire
au jury.   275
Chap. III. — Etablissement du jury d'accusation
et suppression du jury de jugement.   279
Chap. IV. — Autres améliorations nécessaires.
— De la considération.   285
Chap. V. — Former et choisir.   296
Chap. VI. — Des choix. — Présentation des can-
didats confiée aux tribunaux.   298
Chap. VII. — Des ordonnances. — Des garanties. 313
Chap. VIII. — Moyens de répression.   318
Chap. IX. — Objections.   324
Chap. X. — Influence d'une bonne justice sur la
stabilité des États.   332

FIN DE LA TABLE.

DU PRINCIPE

CONSERVATEUR.

Tous les êtres animés naissent avec l'instinct et le désir de leur propre conservation. Sans ce sentiment, que la Divinité a gravé dans le cœur de l'homme, l'ouvrage de la création n'aurait pu se perpétuer.

Le besoin de se conserver, qu'éprouve chaque individu, la société l'éprouve en masse. C'est ce besoin que j'appelle *principe conservateur.*

Si je prouve que la liberté et la justice dérivent toutes les deux de ce principe, j'aurai montré l'union intime qui les lie l'une à l'autre, et les conséquences qu'on doit en tirer.

Mais, pour rendre sensible cette identité

d'origine et de nature, il faut d'abord savoir ce que c'est que cette liberté, dont, sans doute, on ne parlerait pas tant, si on la connaissait mieux : il faut savoir où elle se trouve, et où elle ne se trouve pas, et découvrir les élémens qui lui sont favorables ou contraires.

Après cette investigation, il nous sera facile de voir ce qu'est la justice à la liberté, ce qu'est le système du jury à la justice, et les moyens les plus propres à consolider ces deux bienfaits de la civilisation, ou plutôt le principe qui leur est commun, et qui en forme la base.

LIVRE PREMIER.

DE LA LIBERTÉ.

______

CHAPITRE PREMIER.

Définition et caractères de la liberté.

Si on pouvait, par une définition claire et précise de ce mot, calmer les inquiétudes des peuples, et fixer les devoirs des législateurs, on rendrait un grand service aux uns et aux autres.

Que de malheurs et de désordres n'a pas causés l'abus des mots ! serait-ce donc faute de s'entendre que tant de sang aurait été versé ?

Un républicain français fut amené prisonnier, pendant nos guerres politiques, devant le général des royalistes. Pourquoi te bats-tu ? lui demanda le général : Pour être libre, répondit le républicain. Crois-tu donc, répartit le royaliste, que je veuille être esclave? S'ils étaient tous les deux de bonne foi, il est évident que, mûs par le même motif, ils ne se tiraient des coups de fusil, que parce qu'ils ne s'entendaient pas.

Est-il donc si difficile de s'accorder sur le sens du mot *liberté?* Oui, sans doute, tant qu'on s'obstinera à ne vouloir définir un mot abstrait que par d'autres abstractions; moyen infaillible de tomber d'une obscurité dans une autre, et de rendre la dispute interminable.

Ou la liberté est un vain nom, ou elle doit signifier un objet sensible, un bien réel, un résultat, un fait, en un mot. Or, un fait n'a besoin que d'être énoncé pour être compris.

Quel est donc ce fait? C'est sans doute celui que les hommes ont eu pour but, lorsqu'ils se sont réunis en société. Il faut donc remonter aux temps primitifs.

Car, de même que, dans le commencement d'un procès, on est souvent mieux à même d'apprécier les droits et les raisons des parties, que lorsque la cause est surchargée d'écrits, d'incidens et de discussions; de même, en s'élevant à l'origine des sociétés et des lois, il est plus facile d'en saisir les motifs et le but, qu'en se plongeant dans le cahos des systèmes et des législations modernes.

Or, les hommes, en se réunissant, n'ont pu vouloir que leur bonheur, et la liberté qui en forme l'essence. Ils ne seraient pas sortis de leur état primitif pour détériorer leur sort.

Ce n'est pas pour des êtres abstraits, invisibles, métaphysiques, qu'ils ont renoncé à leur indépendance naturelle : ce n'est pas même pour avoir des lois et des chefs qu'ils ont préféré la vie sociale à l'isolement où chacun se trouvait : ils n'ont pas dit, *réunissons-nous pour avoir le plaisir de commander, pour nous distribuer le pouvoir.* Ces lois et ces chefs ne furent que *des moyens* pour arriver à la fin qu'ils avaient en vue.

Et pour raisonner dans tous les systèmes, si c'est la force, ou la vie domestique, qui a fondé les empires, les fondateurs n'ont pu avouer d'autre but, pour légitimer leur autorité, que celui que leurs sujets se seraient proposé, s'ils les avaient choisis volontairement.

Allons plus loin : si c'est Dieu qui a réuni les hommes, et leur a donné des lois et des maîtres, il n'a pu agir que dans l'intérêt de ses créatures ; toute autre supposition serait une impiété.

Quel est donc ce but, ce changement, cette amélioration, que les hommes voulurent apporter à leur existence précaire par leur réunion en communauté ? il est facile de le découvrir. L'homme, errant dans les bois, n'avait pour se garantir de la violence de ses semblables, que sa force individuelle. Tous avaient les mêmes besoins ; mais aucun n'avait des moyens assurés de les satisfaire. Les productions de la terre étaient en commun ; mais, c'est par cette raison même que personne ne pouvait en jouir paisiblement : l'homme qui s'était choisi une femme, qui avait cueilli du fruit, qui avait tué une bête fauve, qui s'était construit une cabane, était exposé à s'en voir dépouiller à tout moment par celui qui les convoitait, et qui regardait cette possession exclusive comme une atteinte portée à la propriété universelle. Le plus faible était à la merci du plus fort, et le plus fort avait à craindre la réunion des faibles. Le mal augmenta quand les hommes furent obligés de se rapprocher par l'effet de la multiplication de leur espèce.

Ils sentirent alors les inconvéniens d'une

existence exposée à tant de chances., de dangers et de vicissitudes. Ils étaient errans, ils
voulurent se fixer; ils étaient indépendans,
ils voulurent devenir libres; je me trompe;
le mot *liberté* ne fesait pas encore partie d'une
langue grossière, simple, et qui n'exprimait
que des objets matériels : mais, s'ils ne connaissaient pas le mot, ils voulurent avoir la
chose; leur intention fut de se procurer, dans
l'état de société, ce qui leur manquait dans
la vie sauvage, c'est-à-dire, la *jouissance paisible de leurs personnes et de leurs propriétés.*

Cette jouissance pouvait être troublée de
deux manières, ou par l'attaque de voisins
jaloux, inquiets et turbulens, ou par des so-
ciétaires qui, non contens de la portion qui
leur serait assignée et garantie, seraient tentés d'entreprendre sur celles des autres com-
munistes. Les forces individuelles furent
réunies pour repousser les attaques du
dehors; l'autorité publique fut instituée, et
ses dépositaires nommés pour contenir les
infractions du dedans (1).

---

(1) « On dirait qu'il y a deux justices toutes différentes; l'une, qui règle les affaires des particuliers

Mais, bien que ces deux moyens de sauvegarde paraissent opposés l'un à l'autre par leurs dénominations et les instrumens employés pour les faire agir, ils n'ont eu l'un et l'autre dans l'origine, qu'un seul objet, celui de rendre chaque membre de l'état paisible et assuré possesseur de ce qui lui appartient (1).

Si donc le but de toute association sociale est de produire cet heureux résultat, il s'ensuit que la liberté doit être définie, *la jouissance paisible et assurée de sa personne et de sa propriété*. Il faut bien employer des termes communs pour exprimer

---

qui règne dans le droit civil; l'autre, qui règle les différends qui surviennent de peuple à peuple.... comme si le droit public n'était pas lui-même un droit civil, non pas à la vérité d'un pays particulier, mais du monde. » *Lettres persannes*; let. 94.

(1) « Lorsqu'une nation confie, à un certain nombre de personnes, ou à une seule, le dépôt de la force publique, elle se propose deux choses; l'une, de résister plus sûrement aux agressions du dehors; l'autre, de maintenir au-dedans la tranquillité. » DELOLME, *Constitution anglaise*; chap. 11.

des idées qui étaient simples à l'époque où elles prirent naissance (1).

Montesquieu a défini la liberté, *le droit de faire tout ce que les lois permettent* (2), ce qui comprend, sans doute, ce qu'elles ne défendent pas. Mais si les lois ordonnent, ou ne défendent pas des actions injustes, tyranniques, attentatoires aux personnes et aux propriétés, y aura-t-il liberté? Le droit à une chose n'en suppose pas nécessairement la possession. Le droit est une jouissance *due*; la liberté est une jouissance *réelle*. S'il

---

(1) Le droit à une chose emporte nécessairement la défense d'y porter atteinte; car, si ce droit n'était pas inviolable, on ne pourrait pas dire que la jouissance en fût *assurée*. Ainsi, Delolme, en faisant consister la liberté « à ce que chacun, *lorsqu'il respecte la personne des autres, et qu'il la laisse jouir tranquillement des fruits de son industrie,* (il devait ajouter, et de ses propriétés), *soit sûr de jouir à son tour des fruits de la sienne, et que sa personne soit en sûreté* » a donné à sa définition une extension inutile; outre que cette définition n'est pas exacte, parce que l'homme qui viole la liberté des autres, ne cesse pas pour cela d'être libre lui-même, s'il est assuré que cette violation restera impunie.

(2) *Esprit des lois*; liv. II, chap. 2.

suffisait, pour être libre, d'avoir le droit de l'être, *de faire tout ce que les lois permettent,* quel est l'homme, quel est le peuple qu'on pourrait dire esclave? D'ailleurs, ces mots *loi, droit,* sont des abstractions, qui, au lieu de définir, ont besoin d'être définies. Tenons-nous en aux notions simples, sensibles, qui présidèrent à la formation des sociétés.

CHAPITRE II.

Fausses idées de la liberté.

MAIS quand les nations se furent multipliées, quand les Etats se furent étendus; quand la guerre fut devenue un art, et souvent un brigandage, et que la législation forma une science et souvent un dédale, les principes restèrent les mêmes, parce qu'ils sont immuables, mais les idées se brouillèrent; on confondit les moyens avec le but, le mode avec la fin, et bientôt on ne s'occupa plus que des formes, sans se soucier des résultats.

C'est de l'oubli du principe constitutif des premières sociétés, que sont nées toutes les erreurs qui ont obscurci l'idée qu'on doit se faire de la liberté.

Les uns l'ont fait consister à nommer les rois, les administrateurs, les magistrats, et à les déposer; les autres, à user d'un droit de souveraineté qu'ils n'ont pas su mieux définir : ceux-là lui ont donné pour attribut un fantôme d'égalité qui n'est pas moins indéfinissable, et les autres, l'admissibilité, sans restriction, de tous les citoyens aux charges publiques. Chacun enfin l'a définie d'après ses inclinations, ses vues, ses préjugés et les impulsions de son amour-propre; et comme la vanité est plus à son aise dans une république où chacun se croit maître, et encore plus dans la démocratie où *le peuple*, dit Montesquieu, *paraît à peu près faire ce qu'il veut*, les plus mauvais raisonneurs ont exclu la liberté de la monarchie, et ne lui ont donné pour élément que le gouvernement du grand nombre.

Si on y avait mieux réfléchi, si on était remonté aux pensées des premiers législateurs, on aurait reconnu qu'il n'est aucun mode de gouvernement incompatible avec la liberté; que le meilleur est celui qui remplit le mieux l'objet de son institution, qui est la conservation des personnes et des propriétés; que les formes doivent nécessairement va-

rier, suivant la différence des positions phy-
siques et morales, et que, si le gouvernement
monarchique est le seul qui convienne à un
grand Etat, par la raison que la force mo-
trice et impulsive doit être proportionnée,
non-seulement au poids de la masse à soule-
ver, mais encore à la distance où elle doit
atteindre, c'est sans doute parce que la
royauté peut seule y maintenir l'ordre public,
et protéger efficacement les personnes et les
choses (1). D'où il suit que, dans un empire
étendu, la liberté ne peut s'allier avec le régime républicain, puisqu'elle n'y trouverait
pas un appui solide, et que ce régime produirait l'anarchie et le despotisme de plusieurs,
cent fois pire que le despotisme d'un seul.

Mais quand on dit qu'il faut un roi à un
grand Etat, cela s'entend d'un roi véritable,
d'un roi investi de toute la force nécessaire
pour gouverner. Car ce n'est pas le nom qui
est nécessaire : c'est la chose; c'est l'unité
d'action. Le roi est seul contre tous : il a à

-----

(1) Rousseau établit fort bien, dans son *Contrat
social*, que le Gouvernement doit augmenter de force,
à mesure que le peuple devient plus nombreux et que
son territoire s'étend. Liv. III, chap. dernier.

combattre contre les plaintes, les mécconten-
temens, l'intérêt, l'ambition, les vices, les
erreurs, le zèle même. Quelle intensité de
résistance ne lui faut-il pas pour comprimer
tant d'élémens d'opposition ?

Celui qui a dit qu'une liberté orageuse
vaut mieux qu'une servitude tranquille, a
fait un contresens, et a confondu la recherche d'un objet avec sa possession. Il n'y
a rien de si opposé à l'essence de la liberté
que l'agitation. Il est vrai qu'il a fallu quelquefois, pour l'obtenir, des efforts et des
combats ; mais ce n'est point pendant la lutte
qu'on possède le prix de la victoire : on ne
jouit du beau temps qu'après l'orage.

Quand le peuple romain se retira sur le
Mont-Sacré, abandonnant ses dieux et ses
foyers, il renonça pour un moment à la liberté, pour la recouvrer plus agrandie.

Comment Rousseau, qui n'aurait pas voulu
habiter une république naissante, parce que,
sans doute, il sentait que la liberté n'était
pas là, a-t-il osé avancer que les Anglais ne
sont libres qu'au moment où ils donnent
leurs suffrages pour nommer leurs représentans ? Comment n'a-t-il pas vu que, si ce
droit constitue la liberté, ce n'est point quand

on l'exerce, mais bien quand il est exercé?
L'élection donne-t-elle de bons législateurs?
ces législateurs font-ils de bonnes lois? ces
lois sont - elles exécutées ponctuellement ?
Oui, sans doute, le peuple est libre ; mais il
l'est non-seulement, quand il vote, mais après
même qu'il a voté ; il l'est tant que dure cette
heureuse harmonie. Si elle cesse, il ne l'est
plus; il aura beau se croire dans les comices
romains, et venir déposer fièrement son vote;
je ne vois dans ce registre public qu'un monument de servitude, et dans cet appareil
populaire, qu'une parade ridicule et souvent
indécente, dans laquelle les grossièretés, les
bravades, les coups de poings, et les figures
couvertes de boue, prouvent moins la liberté
des votans, que leur assujétissement servile
au patron qui les paie ou les enivre (1).

Le peuple n'est libre, nous dit-on, qu'autant qu'il coopère à la formation des lois, soit
par lui-même, soit par ses représentans; parce
que c'est alors seulement qu'on peut dire qu'il
n'est point gouverné par une volonté qui n'est
pas la sienne.

---

(1) « Donner son suffrage n'est pas la liberté. »
DELOLME.

Pour que cette proposition fût vraie, il faudrait que le peuple, lorsqu'il se rend législateur, fût assuré de se donner de bonnes lois, et que leur exécution n'éprouvât aucun obstacle : alors on pourrait confondre la cause avec l'effet, et attribuer aux votes ce qui n'en serait que le produit. Mais, puisqu'on a vu des peuples tyrannisés par leurs propres lois, et par les magistrats à qui ils en avaient remis le dépôt, peut-on dire qu'ils fussent libres et heureux? Bien plus : s'il n'y avait de liberté que pour ceux qui obéissent à des lois qu'ils ont consenties, il s'ensuivrait donc que la minorité délibérante ne serait pas libre, puisqu'étant obligée de se soumettre à des lois passées contre son opposition, elle se trouverait dans une position pire que ceux qui n'auraient pas voté; il s'ensuivrait que les mineurs, les femmes (1) et les insensés, privés du droit

---

(1) Dans un pays où l'égalité était proclamée comme un droit imprescriptible de la nature, les femmes voulurent aussi en prendre leur part. Elles s'assemblèrent, formèrent des bureaux, nommèrent leur présidente, et motionnèrent sur la politique et les affaires d'État. On dit même qu'elles raisonnaient mieux que leurs maris. Ce fut apparemment par cette raison

de suffrage, (sans compter les prolétaires, que les états les plus démocratiques écartent des assemblées du forum), ne seraient plus que des ilotes, quoiqu'ils paient leur portion des charges publiques, et qu'ils profitent de tous les avantages de la société qui leur accorde même une protection spéciale.

C'est sans doute pour avoir confondu la véritable liberté avec celle qui n'en porte que le nom, qu'un auteur a osé avancer que *le peuple peut être libre, sans être heureux, et heureux sans être libre.* Si la liberté pouvait rendre les peuples malheureux, il faudrait y renoncer. Mais non : les hommes n'ont voulu être libres que pour être heureux ; et si quelquefois leur attente a été trompée, c'est qu'ils ont pris une fausse route : et alors, confondant les moyens avec le but, on a regardé les malheurs des peuples comme les

---

que, humiliés de se voir endoctrinés par des femmes, les hommes décidèrent que le sexe, étant incapable d'exercer les droits de l'homme, il ne lui devait pas être permis d'en parler ; et le club féminin fut fermé. (Ceci s'est passé en octobre 1792.) O beau sexe maltraité ! s'écrie un auteur anglais, en se moquant du système radical.

effets de la liberté ; tandis qu'ils n'avaient pour cause que leurs erreurs.

La distinction que les publicistes ont établie entre la liberté publique ou politique, et la liberté civile, provient de la même confusion d'idées. Est-ce qu'il y a deux libertés, l'une pour les individus, et l'autre pour le public ? Qu'est-ce qu'un état qui serait libre, et où les citoyens ne le seraient pas ? La liberté publique peut-elle être autre chose que la réunion des libertés individuelles ? Si la liberté qu'on appelle politique, n'est point accompagnée de la liberté civile, à quoi la première sert-elle ? Si la liberté civile existe sans la liberté politique, de quel avantage est celle-ci ? et pourquoi mérite-t-elle le nom de liberté ? Si elles marchent toutes les deux ensemble, pourquoi les séparer ?

Je sais qu'on entend par liberté politique une bonne distribution de pouvoirs. Mais appeler libres des pouvoirs, c'est confondre la sauve-garde avec la chose sauve-gardée, la forme avec le fonds : si les pouvoirs ne produisent pas la liberté civile, c'est un vain échafaudage ; s'ils la produisent, ils sont la cause, et la liberté est l'effet. Il n'y a donc qu'une liberté, qu'un bien-être politique, c'est l'in-violabilité des personnes et des propriétés : tout le reste n'en est que la garantie.

Bentham a bien compris combien cette confusion de mots est dangereuse, lorsqu'il a dit : « Il est fâcheux que la liberté individuelle » et la liberté politique aient reçu le même » nom.... de là naît un motif perpétuel .de » révolte (1). »

Ces observations ne sont pas aussi indiffé-rentes que pourraient le croire des esprits irréfléchis. C'est à force de parler de liberté politique, d'indépendance, de souveraineté, d'égalité, de représentation et des droits de

---

(1) Il est étonnant, d'après cela, que ce profond publiciste, qui, dans *sa Législation civile et pénale,* chap. 15, fait, de la sûreté des personnes et des pro-priétés, la principale base de son système, ne se soit pas aperçu qu'il écrivait lui-même pour la liberté, et qu'il l'ait méconnue, au point de la confondre avec l'indépendance originelle, c'est-à-dire avec *la liberté qu'a l'homme de faire le bien et le mal,* prétendant qu'il *n'y a aucune loi, aucun droit, qui ne soit une atteinte à la liberté;* oui, à la liberté naturelle, qui est l'indépendance; mais non à la liberté légale, qui est le but de toute société.

l'homme, qu'on a, à l'aide de ces mots magiques, écarté l'état de la question, donné le change, et fait perdre de vue l'objet principal, le but unique qui a dû occuper les premiers législateurs. On ne s'est plus soucié de rendre les sujets véritablement libres par la garantie de leurs personnes et de leurs propriétés, pourvu qu'ils devinssent souverains, législateurs, indépendans, égaux, représentans ou représentés, et que chacun pût se flatter de parvenir aux honneurs et de dominer à son tour.

CHAPITRE III.

A quels signes reconnaît-on la liberté ?

S, à l'exemple des génies qui, descendus du ciel du temps de Saturne, gouvernaient la terre, où ils *faisaient régner*, dit Platon (1), *la paix, l'innocence, la liberté, la justice, et maintenaient les sociétés dans une subordination et une tranquillité parfaite*, Dieu nous envoyait un ange

---

(1) *De Leg.* liv. iv.

pour nous gouverner et pour exercer, avec l'infaillibilité divine, tous les pouvoirs que nous avons répartis entre tant de mains, pourrions-nous dire que nous ne sommes pas libres ? La liberté ne consiste donc pas dans la participation au pouvoir, mais dans la protection qu'on en reçoit.

Ceci explique pourquoi, sous le despotisme légal, les sujets peuvent être libres. Ils le sont, s'ils sont gouvernés par des êtres supérieurs, que leur génie et leurs vertus élèvent au niveau de leur pouvoir. Mais, comme sous un gouvernement si facile à corrompre, ce phénomène est rare, la liberté n'y est qu'un accident, à moins qu'elle ne soit cimentée par la religion, les mœurs et de longues habitudes (1).

---

(1) On trouve, en Angleterre même, des écrivains dont je puis invoquer l'autorité en faveur de mes principes. Bentham, dans son traité de la *Législation civile et pénale*, est bien loin d'attacher aucune préférence à aucune forme de gouvernement. « Il pense que la meilleure constitution pour un peuple, est celle à laquelle il est accoutumé...... que le bonheur est *l'unique but* d'une *valeur intrinsèque*, et que la *liberté politique* n'est qu'un *bien relatif*, un *des*

Ce serait un grand sujet de méditation que
la question de savoir si le gouvernement de
la Chine produit cette précieuse liberté, dont
on jouit souvent, sans s'en douter. On y voit
tous les élémens du despotisme avec tous les
fruits de la liberté, un gouvernement absolu
avec des lois protectrices; nul équilibre dans
les pouvoirs, et l'harmonie la plus parfaite. Qui
oserait assurer que les Chinois sont des esclaves, s'ils n'ont à craindre que la loi, s'ils

---

moyens pour arriver à ce *but*..... qu'un peuple, avec
de bonnes lois, même sans aucun *pouvoir politique*,
peut arriver à un haut degré de bonheur, et, qu'au
contraire, avec les plus grands pouvoirs politiques,
s'il a de mauvaises lois, il sera nécessairement malheureux. » *Discours préliminaire* de la traduction;
pag. 16.

«Je ne crains pas de le dire, disait le philosophe *Apol-
lonius* aux Romains; jamais, dans le plus beau temps
de Rome, vos ancètres n'ont été plus libres que vous.
Qu'importe d'être gouverné par un seul ou par plusieurs, rois, dictateurs, consuls, décemvirs, empe-
reurs? tous ces noms différens n'expriment qu'une
même chose, les ministres de la loi. La loi est tout;
la constitution des États peut changer, les droits des
citoyens sont toujours les mêmes. » *Éloge de Marc-
Aurèle*, par Thomas.

jouissent depuis des siècles de tous les biens
qu'elle leur assure (1) ?

Pour juger si un État jouit de la liberté,
il n'est donc pas nécessaire de s'épuiser en
longs raisonnemens sur sa constitution, et
d'examiner si elle se rapproche plus ou moins
de ce beau idéal, que chacun compose à sa
manière. Il n'y a qu'à voir si les lois y sont
exécutées, si le bon ordre y règne partout, si
le faible n'y craint pas l'homme puissant, ni
le pauvre, l'homme riche ; si l'opprimé trouve
un appui assuré dans les tribunaux, si l'agriculture et le commerce travaillent sans gêne à
multiplier, à échanger et à mettre en œuvre les
matières premières ; si la population fait des
progrès ; si le peuple est content et heureux,
autant que le comporte l'état de la civilisation ;
si les magistrats sont entourés d'une considération méritée (1), si les délits sont rares, parce
qu'ils sont promptement punis ; et enfin, pour

---

(1) « Quoique la Chine soit peut-être la plus absolue
de toutes les monarchies, il y a peu de nations sur
la terre qui jouissent d'une liberté plus raisonnable. »
Le Voyageur français ; tom. III, pag. 330.

(2) Mabli, dans sa *Législation*, enseigne que, pour
juger si un État est heureux, il faut examiner les ta-

réduire cette amplification à une seule phrase,
si les personnes et les propriétés sont garanties par la loi et par ses organes.

Tel était le tableau que faisait à un voyageur le rajah de Bénarès. « Voyez, disait-il,
» mes territoires , mes champs cultivés, mes
» villes et mes villages peuplés de nombreux
» habitans ; mon pays est un jardin et mes
» sujets sont heureux. Les principaux mar-
» chands, grâce à la sûreté de mon gouverne-
» ment, abondent dans ma capitale , c'est la
» banque de l'Inde ; elle contient des Ma-
» rattes, des Jattes, des Seïkes, des Indiens et
» des Européens. C'est ici que la veuve et l'or-
» phelin déposent toutes leurs richesses, et
» trouvent un asile contre la violence et la
» rapacité ; les voyageurs d'un bout de la terre
» à l'autre peuvent déposer ici leurs fardeaux
» et dormir en sûreté. (1) »

---

lens et le caractère des hommes qui le gouvernent.
Liv. 1er, chap. 4.

(1) *Histoire de Mysore ;* tom. 1er, pag. 342.

CHAPITRE IV.

Des Beaux-Arts et de l'Imagination.

Une femme de beaucoup d'esprit, madame de Staël, ne se contentait pas d'une liberté si commune ; elle la voulait embellie par les charmes de l'imagination et de l'enthousiasme. « Des penseurs superficiels, disait-» elle, prétendront que tout l'art social se » borne à donner aux peuples les biens com-» muns de la vie, le repos et l'aisance. Il en faut » pourtant de plus nobles pour se croire une » patrie ; le sentiment patriotique se compose » de souvenirs que les grands hommes ont » laissés, de l'admiration qu'inspirent les chef-» d'œuvres, enfin de l'amour que l'on ressent » pour les institutions, la religion et la gloire » de son pays. Toutes ces richesses de l'âme » sont les seules que ravirait un joug étranger : » mais, si l'on s'en tenait aux jouissances ma-» térielles, quel que fût le maître, ne pour-» rait-il pas toujours les procurer (1) ? »

---

(1) *De l'Allemagne ;* tom. 1ᵉʳ, pag. 55.

Il n'est pas étonnant qu'une femme dont la politique était toute en images et en figures, qui savourait le plaisir de briller, par les charmes de sa conversation, dans les cercles du beau monde et des gens d'esprit, et qui trouvait qu'on ne jouissait de la vie que dans les capitales, et surtout à Paris, méprisât les *jouissances matérielles et les biens communs de la vie*. Cependant je doute fort que, lorsque dans l'Allemagne, elle fuyait, de poste en poste, la tyrannie qui la poursuivait, elle fût si indifférente *au repos et à l'aisance* que procure l'art social. Quant à nous, âmes vulgaires, qui n'avons ni cent mille livres de rente pour réparer les échecs portés à notre mince fortune, ni des chevaux de poste et une réputation brillante pour aller chercher dans les cours étrangères la sûreté que nous ne trouverions pas chez nous, qu'il nous soit permis de préférer le solide à l'agréable, et la sécurité de l'âme *aux biens plus nobles* de l'imagination. Nous voulons une liberté à la portée de tout le monde, une liberté pour tous, pour le riche comme pour le pauvre, pour l'habitant des campagnes comme pour celui des villes, pour l'ignorant comme pour l'homme de génie. Nos

beaux esprits, pour ne pas la partager avec
le vulgaire, l'élèvent si haut, que souvent ils
ne peuvent y atteindre eux-mêmes.

Mais que diront-ils, si je leur montre que
la liberté, telle que je l'entends, loin d'exclure les jouissances intellectuelles et morales, les fait éclore au contraire! En effet,
à quel foyer s'allume l'amour de la patrie?
N'est-ce pas dans les avantages inappréciables
qu'elle nous procure? N'est-on pas plus attaché à des biens qui nous sont assurés qu'à
ceux dont la possession est précaire, à des
institutions qui font notre bonheur, qu'à
celles qui nous le promettent en vain? Il est
vrai que, s'il fallait se contenter d'une liberté
modeste, le patriotisme de ceux, qui la font
consister dans la participation au pouvoir, en
serait affaibli; car si l'on arrachait du cœur des
plus fiers démagogues, l'ambition, l'amour-
propre et l'envie, leur âme éprouverait aussitôt une métamorphose semblable à celle qu'o-
péra sur *Roland* la fiole apportée de la lune par
Astolphe. Mais serait-ce là un si grand mal? et
ne vaudrait-il pas mieux qu'il y eût moins de
patriotes de nom, et plus de patriotes de fait?

Les beaux-arts, la littérature, les sciences,
n'habitent-elles pas plus volontiers une terre

qui jouit d'un ciel serein et d'un horizon qui
promet le beau temps, que celle où règnent
les frimas, l'orage et la tempête? Il ne faut
au génie, pour s'élever dans les hautes ré-
gions, que l'amour de la gloire, les applau-
dissemens publics et le repos. J'en appelle
aux siècles de Périclès, d'Auguste, des Mé-
dicis et de Louis XIV.

Ames ardentes, qui voyez tous les objets à
travers le prisme de votre enthousiasme, vous
que tourmente le besoin d'aimer et quelquefois celui de haïr! n'avez-vous pas pour objets
de haine, l'arbitraire, l'injustice, le crime et
la tyrannie, et pour objets d'amour, les bons
rois, l'humanité et ses bienfaiteurs, la vertu et
Dieu? Dieu, qui vous ordonne d'aimer vos
semblables, de leur faire du bien, d'obéir
aux puissances, et qui vous a donné une religion dont la morale tiendrait lieu de législation, si elle était exactement suivie. Cette
religion est votre propriété; défendez-la contre les attaques de l'impie; c'est un bien dont
la jouissance fait partie de votre liberté. Mais,
quand vous posséderez tout ce que la société
peut vous garantir, n'allez pas vous élancer
après le fantôme de la perfectibilité, et parcourir le pays des chimères pour vous retrouver,

après une course vagabonde, au point de votre départ.

CHAPITRE V.

De l'Indépendance Nationale.

Si nous remontons à la source de l'indépendance nationale, que madame de Staël croit aussi compromise par la *jouissance des biens communs de la vie,* nous trouverons qu'elle découle du principe conservateur des droits sociaux.

Pourquoi ces armées soldées, ces places fortifiées, ces arsenaux où se fabriquent les instrumens de la guerre et de la mort, ces magasins fournis de vivres et de munitions, ces ambassadeurs entretenus à grands frais auprès des puissances étrangères, cette diplomatie surveillante et quelquefois ombrageuse, cette valeur de nos soldats brûlans de se signaler? Est-ce pour faire la loi à nos voisins? Non, répondra un diplomate-philosophe, c'est pour ne pas la recevoir d'eux? Est-ce pour faire des conquêtes? Non, c'est pour n'être pas conquis nous-mêmes? Est-ce pour porter le ravage, l'incendie, tous les fléaux destructeurs? Non, c'est pour en préserver notre patrie : parlons plus clairement; si nous sommes armés, c'est pour conserver nos dieux Pénates, les champs de nos pères, la maison qui nous a vus naître, nos femmes, nos enfans, les lois et les institutions qui nous protègent, tout ce qui nous est cher, tout ce que nous possédons. Les anciens ne prenaient-ils pas pour devise dans leurs guerres; *pro aris et focis ?*

Laisserez-vous sans défense les objets les plus chers de vos affections? Les livrerez-vous lâchement à l'insolence, à la férocité de vos ennemis? dit un général à ses soldats, pour ranimer leur courage.

Ne craignez rien, dit un conquérant au peuple qu'il veut soumettre et tromper; ne craignez rien, je ferai respecter vos personnes et vos propriétés, je soulagerai vos misères, je diminuerai vos impôts, je conserverai vos lois, ou vous en donnerai de meilleures.

C'est ainsi que la liberté des peuples est souvent proclamée au moment qu'elle est menacée d'être violée, et par ceux mêmes qui ne reconnaissent pour droit que la force. L'hypocrisie des conquérans est un hommage forcé rendu au principe conservateur.

Il peut arriver néanmoins qu'une nation soit tellement opprimée par son Gouvernement, que la conquête qu'elle subit lui soit avantageuse. Alors, on peut dire qu'elle trouve sa liberté dans sa défaite, et qu'elle est tout-à-la-fois libre et vaincue. Montesquieu n'a-t-il pas fait un chapitre exprès, *des avantages des peuples conquis* (1) ?

L'indépendance nationale n'est donc pas la liberté ; elle la soutient, elle la défend contre les entreprises extérieures, comme la justice publique la maintient parmi les citoyens.

On dit communément que la guerre a pour objet la défense de l'Etat, la dignité ou le maintien de son Gouvernement. Cela est vrai ; mais l'Etat est un composé de citoyens, et le Gouvernement, le bouclier qui pare ou reçoit les coups qui leur sont portés. C'est donc toujours aux membres de la cité que viennent aboutir, en dernière analyse, tous les biens de la paix et tous les maux de la guerre.

Ce qui déroute dans la marche des idées, ce qui dérobe à nos yeux le dernier anneau de la longue chaîne qui lie tous les rapports

______

(1) Liv. xi, chap. 14.

du monde social, ce sont les termes généraux
et abstraits qu'on est obligé d'employer pour
exprimer les résultats et les objets complexes :
telles sont les expressions de patrie, d'état,
de cité, de bien général, d'intérêt général,
d'ordre public, de paix publique, et tant
d'autres. Mais toutes ces généralités ne sont
composées que d'individualités réunies ; le
genre humain n'est que le grand ensemble
des individus ; ce n'est qu'en formant des
aggrégations qu'ils ont pris des termes géné-
riques. Mais les termes ne changent pas la
nature des choses, et il n'est pas moins vrai
que les effets, bons ou mauvais, produits par
la civilisation, arrivent tôt ou tard, médiate-
ment ou immédiatement, aux individus qu'on
a appelés citoyens.

Quelle lumière ne jettent donc pas sur tous
les points législatifs, sur tous les problêmes
politiques, la définition que j'ai donnée de la
liberté, et les caractères qui ne permettent
plus de la méconnaître ? Le principe conservateur est la pierre de touche qui fait reconnaître ce qu'il y a de bon et de mauvais dans
les lois, les doctrines et les institutions ; c'est
le creuset où se décomposent les matières po

litiques, et où l'alliage se sépare de l'or pur.
Passons à d'autres exemples.

CHAPITRE VI.

Quelles sont, dans un Etat, les personnes non-libres ?

On a dit qu'un roi n'est pas libre (1); mais on n'en a jamais donné, que je sache, la véritable raison. Un roi n'est pas libre, parce qu'il n'est pas sous la protection des lois civiles; c'est-à-dire, parce qu'il ne possède rien pour lui-même, parce que sa personne est dévouée à l'État, c'est un être à part; il est inviolable, mais c'est comme roi; le citoyen, l'individu disparaissent en lui : il est roi.... il n'est pas autre chose.

C'est ce qui fait qu'un roi', n'étant jamais placé entre son intérêt personnel et l'intérêt général, ne peut que désirer le bien-être de ses peuples, comme le berger ne peut avoir d'autre ambition que de voir prospérer son

----

(1) Fénélon, dans son *Télémaque ;* liv. xxiv.

troupeau. Le trône ne garantit pas celui qui l'occupe de l'erreur ; mais, c'est tout ce qu'il y a à craindre en lui : le meilleur prince est celui qui se trompe le moins.

Les ministres sont dans une position différente. Ils ont, comme individus, leurs intérêts personnels, et comme agens, l'intérêt de l'État. Ces deux intérêts se confondent quelquefois : ils se confondent, quand l'amour de la gloire et les jouissances d'un amour-propre bien entendu leur font chérir leurs devoirs : mais cela n'arrive pas toujours ; et voilà pourquoi il est plus désirable pour les sujets, qu'ils soient gouvernés par leur prince que par ses ministres.

Il suit du mélange des deux positions, que les ministres et tous les gens en place ne jouissent pas d'une liberté entière ; leurs propriétés et leurs personnes ont besoin de protection. Sous ce rapport, ils participent aux avantages de la société ; ils sont libres, comme protégés ; ils sont esclaves, comme protecteurs : *gouverner, c'est servir.*

CHAPITRE VII.

De la responsabilité des Ministres.

Mais, puisqu'il est de l'intérêt des nations qu'elles soient gouvernées par leurs rois, n'est-ce pas contre la nature des choses, que les ministres soient responsables des ordres qu'ils reçoivent de celui qui a droit d'ordonner ? une pareille responsabilité ne blesse-t-elle pas le premier principe de la justice distributive, qui veut que les fautes, comme les peines, soient personnelles? Et ne voit-on pas qu'elle tend à isoler l'autorité royale en la réduisant au droit de nommer ses agens? et c'est en effet où les partisans de la responsabilité indéfinie paraissent vouloir en venir, bien plus conséquens en cela que ceux qui veulent et que les ministres soient responsables, et que le roi gouverne. Je n'ai pu concevoir comment un des grands écrivains du siècle, et l'un des plus fermes appuis du trône, se soit déclaré le défenseur de cette responsabilité, qui l'a forcé de reconnaître que « le roi étant entouré de ministres responsables, il doit les laisser agir *d'après eux-mêmes, puisqu'on s'en pren-*

dra à eux de *l'événement*, et que, s'ils n'é-
taient que les exécuteurs de la volonté royale,
il y aurait injustice à les poursuivre pour des
desseins qui ne seraient pas les leurs. » Cette
conséquence ne devait-elle pas l'éclairer sur
le principe?

Voilà donc les rois obligés à *laisser agir
d'après eux-mêmes* leurs ministres responsables, à leur abandonner le choix des fonctionnaires , et à ne se réserver qu'une signa-
ture passive. Et en effet, quel est le monarque
qui pourrait se flatter, qui voudrait exiger
que ses ministres lui obéissent à ces conditions? quel est celui qui ne craindrait pas de
s'exposer à voir, comme Charles 1er, traîner à
l'échafaud un conseiller fidèle ?

D'ailleurs, comment tracer une ligne de
démarcation entre les cas où l'obéissance est
un devoir, et ceux où elle pourrait devenir un
crime? Je regarde comme impossible une
bonne loi sur la responsabilité des ministres.
Or, toutes les fois qu'un principe ne peut recevoir une application facile, on peut être à
peu près sûr qu'il est mauvais. Les meilleures
machines, en politique comme en physique,
sont celles qui sont le plus simples.

Mais, ce qui est bien plus difficile encore,

c'est de trouver, au milieu des factions et des troubles inséparables d'une lutte qui met en mouvement toutes les passions, des juges qui, chargés de prononcer entre une nation accusatrice et son roi accusé dans la personne de son ministre, puissent conserver le calme, l'indépendance et l'impartialité, si difficiles dans de pareilles conjonctures? Il faut donc, si on veut être juste, si on veut prévenir les crises et laisser le chef de l'État gouverner librement, il faut se borner à rendre les ministres responsables des déprédations qui leur sont personnelles, ou d'un fait de trahison, le plus grand, mais heureusement le plus rare de tous les crimes ministériels; il faut, en un mot, les traiter comme tous les autres fonctionnaires publics. Aller au-delà, assumer sur leurs têtes les chances de l'*événement*, c'est une inconséquence qui ne peut avoir que des suites funestes.

Mais, qui garantira les citoyens des actes arbitraires? c'est ce que j'examinerai dans le chapitre 7 du dernier livre.

CHAPITRE VIII.

De la Liberté de la presse.

S'AGIT-IL de la liberté de la presse? le seul
point à examiner, c'est de savoir si elle est
plus propre à garantir la réputation des citoyens qu'à la compromettre, à contenir les
mauvais magistrats qu'à décourager les bons,
à maintenir la tranquillité publique qu'à la
troubler, à fortifier le gouvernement qu'à
l'affaiblir, à éclairer l'opinion publique qu'à
l'égarer. Sans doute la pensée est libre, et quel
est le tyran qui a jamais pu l'asservir ? Mais
la manifestation qui en est faite, si elle tend
à jeter le désordre dans la société, ne peut-
elle être soumise à toutes les restrictions que
les législateurs croiront convenables? Y aurait-il de la prudence à souffrir qu'un orateur
populacier, à voix de Stentor, haranguât quo-
tidiennement sur la place publique la multitude assemblée? Les journalistes ne prêchent-
ils pas chaque jour à trente, à quarante mille
lecteurs?

Mais que craignez-vous, nous dit-on sans
cesse? Si la presse est libre, la discussion pu-

blique ne fera qu'éclaircir les sujets contro-
versés, les fausses idées seront repoussées par
les bons principes, la calomnie par la justi-
fication, l'esprit de sédition par l'amour du
repos. Dans ce conflit d'opinions et de per-
sonnalités, la vérité finira par l'emporter sur
l'erreur, parce que la vérité a toujours un
ascendant qui assure encore mieux la victoire.

Imprudens! ne savez-vous pas qu'il n'en est
pas de l'art de gouverner comme des sciences
exactes, comme de l'histoire, de la littérature? Ne savez-vous pas que, dans la lutte de
plume, la partie n'est pas égale entre le gouvernement et le corps des pamphlétaires;
qu'il est plus facile d'exciter les passions de
la multitude que de les calmer, de faire crier
à l'énormité des impôts que d'en faire sentir
la nécessité, de rendre l'autorité odieuse que
de la faire aimer, d'épouvanter les esprits
par la crainte du despotisme que de les retenir par celle de l'anarchie, et que vous aurez
plutôt fait goûter au peuple l'égalité extrême,
que les supériorités indispensables à l'ordre
public ? Ne savez-vous pas que les vérités politiques ne sont pas à la portée de l'intelligence ordinaire? Si vous dites qu'un roi n'est
qu'un homme, on croira vous comprendre;

mais qui percera dans les secrets mystères de la royauté? qui saura expliquer ce dogme incompréhensible au commun des hommes, en faire l'objet de la vénération publique, et rendre sensibles les élémens déliés et inaperçus de cette seconde Providence (1)?

Il faut donc, pour rétablir l'équilibre dans ce combat des illusions contre les froides et imperceptibles vérités, que le gouvernement

---

(1) Le plus grand avantage de la royauté, c'est l'effet magique qu'elle produit; c'est ce prestige qui fait la plus grande force du Gouvernement monarchique, et qui, une fois affaibli par la licence des pamphlets, a bien de la peine à se rétablir. Qu'il me soit permis de citer un trait de cette magie, je le trouve dans *les Essais sur Paris*, par M. de Sainte-Foix; chap. 4. « Jean, roi d'Angleterre, détrôné par les Anglais, était visé par un arbalétrier : Malheureux, lui dit en détournant le coup, Guillaume d'Albinet, gouverneur de Rochester; songes que c'est le roi. Je sais que notre parti est réduit aux dernières extrémités, que nous manquons de tout, que nous n'avons aucun espoir de secours, qu'il va donner l'assaut, qu'il fut toujours sans miséricorde, qu'il nous fera tous massacrer, et que ma famille et moi serons les premières victimes qu'il sacrifiera à sa vengeance; *mais, c'est le roi !* »

soit investi d'un pouvoir préventif, si la force répressive ne suffit pas ; c'est ce dont le lecteur sera à même de mieux juger quand il aura lu mes derniers chapitres (1).

CHAPITRE IX.

De l'admissibilité aux Emplois.

Faul-il examiner si tous les citoyens doivent être admis sans distinction aux emplois publics ? écartons d'abord de la discussion cette chimérique égalité de droits qui n'a rien à faire ici. Sans doute tous les hommes sont

---

(1) De cette manière, nous dit-on, les abus seront ignorés, et leur redressement impossible. Réponse : Tout n'est pas parfait dans ce monde, et la sagesse consiste à préférer ce qui présente le moins d'inconvéniens. Si les abus sont légers, il vaut mieux les ignorer, et les supporter même, que de livrer les citoyens à la diffamation, et l'autorité à l'avilissement. S'ils sont graves, il est impossible qu'avec la libre circulation des écrits non périodiques, car je ne redoute que les feuilles quotidiennes, et avec la publicité des débats d'une Assemblée législative, ils ne soient connus et dénoncés.

égaux devant la loi; sans doute le plus chétif individu a le même droit à la protection commune que le plus grand personnage; mais l'égalité consiste, non à protéger les autres, mais à être protégé soi-même : car les places ont été créées, non pour l'avantage des gouvernans, mais dans l'intérêt des gouvernés : et voilà pourquoi elles prirent dans l'origine, et pourquoi elles ont conservé jusqu'à ce jour, le nom de *charges publiques.* Quand les Génois appelèrent cinq étrangers pour leur remettre l'administration de leur justice, crurent-ils se rendre leurs esclaves et renoncer à toute égalité?

Que reste-t-il donc à considérer dans cette question? un seul point : c'est de savoir si l'admissibilité indéfinie doit produire un bien général; si elle est propre à favoriser les bons choix, à procurer de bons fonctionnaires, à faire naître une émulation utile, et à donner de la considération et de la force à l'autorité.

Mais, en décidant pour l'affirmative, en ouvrant la carrière à toutes les ambitions, à toutes les classes, non pas comme un droit, mais comme un *moyen plus large* de bien choisir, ce que je suis bien éloigné de contester, faut-il la resserrer par des restrictions, des

épreuves, des conditions d'éligibilité, et multiplier les obstacles pour rendre l'accès aux
places difficile au plus grand nombre?

Oui, on le doit, si nos principes sont justes;
si on a plus à cœur l'intérêt des protégés que
l'avidité des ambitieux; si on veut donner à
tous les intérêts des protecteurs qui ne voient
que leur devoir : et pour cela, ne faut-il pas
décourager la médiocrité, l'écarter des places?
ne faut-il pas demander des garanties aux pré-
tendans, établir des signes pour reconnaître le
mérite? ne faut-il pas prévenir les erreurs du
gouvernement dans le choix dont il est chargé,
et préserver la société de ces promotions scan-
daleuses qui révoltent les esprits, enlèvent l'é-
mulation au talent, détruisent la confiance, et
fomentent dans toutes les classes une délirante
ambition, qui fait déserter les ateliers, les ma-
nufactures, la culture des terres, pour courir
après des honneurs avilis, prodigués à l'intrigue, à la servilité, et à la médiocrité au-
dacieuse.

CHAPITRE X.

De l'amour-propre, de l'orgueil, de l'envie.

On veut, en posant pour principes que tous les citoyens ont un droit égal au pouvoir, faire la part de l'amour propre, de l'orgueil, de l'envie même : on appelle au secours de cette doctrine séduisante toutes les passions de l'homme; eh bien, je veux, pour le bien de l'humanité, calmer ces mouvemens de notre infirmité, en écarter l'amertume, et les diriger vers le bien public: et pour cela, au lieu d'élargir la voie des honneurs, je propose au contraire de la resserrer, d'en éloigner le terme, de la semer d'épines, d'entraves et d'aspérités; mais en même temps d'augmenter l'honneur de l'avoir parcourue jusqu'au bout. Le talent n'en sera pas refroidi; le prix qu'il verra au terme de la carrière, soutiendra son courage, décuplera ses forces; tandis que la foule des hommes médiocres, n'osant pas même parcourir des yeux ce long espace qui les sépare du but, se retirera sans se croire

humiliée, parce qu'elle ne sera pas même entrée en lice.

L'envie ne s'attache qu'aux objets qui sont
placés à petites distances. Les rois n'ont jamais été jalousés que par les princes (1), les
princes que par les grands, les grands que
par les nobles, les nobles que par les bourgeois, les bourgeois que par les artisans. Si la
vue des faisceaux excita dans la femme du plé-
béien *Licinius* un tel accès de jalousie que la
république en fut troublée, et qu'il fallut que
les patriciens admissent le peuple à partager
avec eux les honneurs du consulat, ce fut
parce qu'elle vit ces attributs de la puissance
honorer le mari de sa sœur, tandis que le sien
en était privé.

---

(1) Dans un État où l'ordre de succession n'est pas
invariablement établi. « Ceux qui obéissent à un roi
sont moins tourmentés d'envie et de jalousie, que
ceux qui vivent dans une aristocratie héréditaire. Le
prince est si loin de ses sujets, qu'il n'en est presque
pas vu, et il est si fort au-dessus d'eux, qu'ils ne peuvent imaginer aucun rapport qui puisse les choquer.
Mais les nobles qui gouvernent sont sous les yeux de
tous, et ne sont pas si élevés, que des comparaisons
odieuses ne se fassent sans cesse.... » *De la grandeur
et de la décadence du peuple Romain ;* chap. 8.

Allez dire à un chétif ouvrier, pour lui en-
fler le cœur et le consoler de son triste état,
qu'il a droit de prétendre à toutes les places,
il croira que vous vous moquez de lui. Que
lui importe d'être éligible, s'il ne lui reste
aucun espoir d'être élu? Cette éligibilité ne
peut agir sur son amour-propre que pour lui
faire remarquer tristement une perspective
qu'il n'atteindra jamais, et la distance qui le
sépare pour toujours des puissans du siècle.
Ce que vous demande cet ouvrier, ce que
vous ne pouvez lui refuser, c'est de pouvoir
travailler et débiter sa marchandise sans aucune gêne, d'améliorer sa fortune et le sort
de sa famille sous la protection des lois et
des magistrats. Voilà ce qui le fera libre, et
l'égal de tous ses concitoyens.

Ce ne sont donc pas les barrières posées
par le législateur, mais bien les préférences
accordées sans règle et sans choix qui blessent
l'amour-propre et fomentent les ambitions
du grand nombre. La vue des hommes sans
mérite promus aux honneurs, cause une irri-
tation générale. Chacun se flattant d'avoir le
même droit, s'élance dans l'arène; et comme
il n'y a pas de place pour tous, les exclus,
dégoûtés déjà de leur profession par l'espoir

d'en sortir, déchus du rang auquel ils croyaient toucher, détestent leur existence, maudissent les rivaux qui les ont supplantés, regardent d'une jalouse rage les hommes en place, surtout ceux qui étaient leurs égaux, et trouvent un nouveau tourment dans ce principe d'admissibilité qui les a séduits.

Voulez-vous donner aux hommes de toutes les classes cette noble fierté, cet air d'assurance qu'inspire le sentiment de la liberté? que le charbonnier puisse dire ailleurs que sur le théâtre, *je suis maître chez moi;* que la farce des *battus paient l'amende* ne soit plus regardée que comme la peinture de mœurs antiques; que l'homme offensé ne craigne pas de passer pour l'agresseur, s'il repousse l'injure par l'injure; que la loi distribue sur tous une égale protection; que la sécurité se peigne sur tous les visages, et surtout que la rudesse du pouvoir soit effacée par le libre ascendant des vertus. Alors les différences des rangs, du pouvoir n'offusqueront plus personne; chaque prétention se mettra à son niveau, chaque classe prendra les sentimens analogues à sa position; le respect se graduera sur l'échelle des dignités et du mérite, et l'homme timide ou fier n'aura plus de répugnance à aborder l'homme public qu'environnera la douce auréole de la considération et de la confiance.

C'est alors que s'établira cette opinion de la liberté, aussi nécessaire au repos de l'homme que la liberté même. Ce ne sont pas les lois qui rassurent contre l'arbitraire et le despotisme; ce qui rassure, c'est le spectacle des familles tranquilles et heureuses; c'est la justice dispensant sa protection sur tous les citoyens indistinctement.

CHAPITRE XI.

Du Système représentatif.

Guidé par le même flambeau de l'utilité publique, qui est la pierre de touche de la liberté, il nous serait facile de signaler bien d'autres erreurs dans lesquelles de vaines théories et l'impropriété des mots ont jeté même les meilleurs esprits. Combien, par exemple, n'est pas absurde la qualification de *système représentatif*, employée dans l'organisation des grands Etats? Comment persuader à une grande nation, composée de plusieurs millions d'habitans, qu'elle est représentée par trois ou quatre cents personnes qui ne tiennent leur pouvoir que d'une trois-centième partie de la population, laquelle elle-même n'a reçu de pouvoirs de personne? Comment peut-on appeler représentatif un système qui ne permet de choisir ses délégués que dans la millième partie des citoyens? Comment cette foule, exclue du pouvoir d'é-lire, peut-elle se croire représentée par des hommes qu'elle n'a nommés ni directement ni indirectement? Comment la minorité des votans croira-t-elle ses intérêts bien confiés à des élus qui non-seulement ne sont pas de son choix, mais qu'elle n'a pas jugés dignes de sa confiance ? Quelle folie de vouloir un gouvernement représentatif qui ne représente pas!

Si cette folie n'avait pas de graves inconvé-niens, on ne ferait qu'en plaisanter : mais cette attribution représentative inspire au peuple des prétentions insidieuses : elle lui persuade que le droit d'être représenté est de l'essence de la liberté publique, et que, si ce droit a été soumis à des restrictions, c'est une violation liberticide contre laquelle il peut toujours réclamer; elle lui persuade que les représentans ne sont que ses mandataires, obligés de se conformer à ses mandats, sous peine d'être regardés comme des traîtres. Alors l'opinion publique, ou ce fantôme qui en prend la ressemblance, que les partis invoquent tour-à-tour, et qu'il n'est jamais si difficile de bien apprécier, que lorsque tant de bouches s'en rendent les organes, l'opinion publique devient une puissance redoutable; et si elle s'égare, s'il s'élève dans l'assemblée dite représentative un parti qui s'arme de cet aveugle et perfide instrument, qui s'annonce pour être l'organe de la volonté générale, le défenseur des droits nationaux, le réformateur des abus; si elle devient la majorité par la crainte qu'elle inspire, le prestige qu'elle répand, et par ce penchant naturel qui porte les âmes faibles à se rallier au parti qui domine, il n'y a plus de Gouvernement, de lois, de justice, de liberté; tous les pouvoirs sont envahis. La faction dominatrice, attaquée à son tour par le mécontentement général, par les ambitieux qu'elle n'a pu satisfaire, minée par les mêmes moyens qui l'ont élevée, prodigue, pour se maintenir, pour se procurer une majorité quelconque, l'or, les places, les promesses, les séductions, les menaces, et finit par s'écrouler et par abandonner ses débris à une autre faction bientôt menacée et renversée à son tour : tristes et déplorables effets des fausses doctrines et de cette illusion qui persuade à la masse du peuple qu'elle est représentée, et à quelques individus qu'elle n'a pas nommés, qu'ils sont ses représentans!

Et de plus, que de fausses idées ne voit-on pas s'élever sur le mode d'élection! Pour trouver le meilleur, on se perd dans le chaos de la métaphysique; tandis que, si on n'était pas préoccupé de cette idée représentative, on reconnaîtrait que la capacité d'élire n'est pas plus un droit, que la capacité qui rend habile à occuper des places; que c'est un pouvoir, une commission déférée par la loi pour le bien de tous; que, pour faire de bonnes lois, il faut de bons législateurs; que les qualités d'un législateur étant rares, il faut les prendre là où elles se trouvent; que les premiers fonctionnaires de l'Etat étant censés et plus instruits, et plus attachés à l'ordre établi que le reste des citoyens, devraient être membres-nés du conseil national : que, quant à la partie élue, le mode électif, qui atteindrait mieux le but, serait celui qui, par des élections graduelles, par des épurations successives, donnerait cette quintessence de bons choix, sans laquelle il est bien à craindre qu'on n'aît souvent que des hommes peu éclairés, des factieux, quelques gens d'esprit, des honnêtes gens en plus grand nombre, mais incapables de saisir l'ensemble et l'enchaînement d'un système législatif. L'Espagne a quatre degrés d'élection. C'est peut-être ce qui la sauvera d'un bouleversement, malgré l'esprit démocratique de sa constitution.

Ce n'est pas tout. Quand une fois on s'est bien persuadé qu'on a un gouvernement représentatif, on veut que toute l'économie politique soit empreinte de cette idée c érie : c'est ce qu'on appelle mettre en harmonie, avec le principe du gouvernement, les lois et les institutions. On soutient que les administrés sont représentés par les administrateurs, *la société* par le jury, *la force armée des nations* par les soldats : on ne s'arrête pas en si beau chemin : il faut bien joindre la pratique à la doctrine. Puisque tout est représenté dans la nation, il s'ensuit que les fonctionnaires ne sont que les mandataires du peuple; que, pour qu'ils soient ses véritables mandataires, il faut qu'il les nomme et les dirige; que l'opinion publique devienne leur boussole; que la presse, qui est l'intermédiaire de cette opinion, ne puisse recevoir aucune limite, et que les pétitionnaires aient le droit de s'attrouper, pour faire entendre leur vœu par des clameurs. De là à l'insurrection érigée en devoir, et de l'insurrection à la dissolution de la société, il n'y a qu'un pas. Pour renverser cet étalage de conséquences désorganisatrices, il suffit de notre principe conservateur.

Pourquoi les sociétés se sont-elles formées? Nous l'avons dit, c'est pour que la justice y règne, c'est-à-dire, pour que chacun soit libre, en jouissant paisiblement de ce qui lui appartient : pour arriver à ce but, on a fait des lois, on a créé des magistrats pour les exécuter. Qui que ce soit qui ait proclamé ces lois; le soin de les mettre en exécution ne le regarde plus : qui que ce soit qui ait nommé ces magistrats, une fois nommés, ils ne sont plus dépendans que de la loi.

Le législateur même qui tient le plus près au peuple, au moment qu'il a reçu son caractère, fût-ce par les votes de tous les citoyens réunis; le législateur, à moins qu'il n'ait reçu un mandat impératif, n'est plus obligé que de consulter sa conscience, et de proposer ou consentir les lois qu'il croit les plus propres à faire le bonheur de son pays, c'est-à-dire, à consolider la sûreté individuelle et *possessionnelle* de tous les citoyens.

Or, y a-t-il dans tous ces rapports, dans cet enchaînement qui lie l'homme public à ses devoirs, la moindre trace de représentation? Non, je n'en vois point ; ou si l'on veut absolument conserver un mot si propre à induire en erreur, mais qui flatte agréablement l'oreille et l'amour-propre, qu'on dise que tout homme chargé d'un pouvoir quelconque représente la loi, la justice, la liberté : trois choses qui s'identifient entre elles. Voilà la seule représentation admissible.

Cette démonstration est bien plus évidente encore dans les états monarchiques. Car, si dans ces états, on trouve une représentation réelle de personnes, c'est dans le sens tout contraire à celui qu'on donne ordinairement à ce mot. C'est en remontant d'abord au faîte, et descendant ensuite jusqu'au dernier échelon, qu'elle a lieu. En effet, on peut dire que le roi est le seul représentant de son peuple : c'est lui qui administre, qui gouverne ; c'est en son nom que la justice se rend : il ne peut faire tout par lui-même : il faut qu'il nomme ses mandataires, qu'il soit représenté. Ces mandataires sont donc ses représentans. Il n'y a rien là qui blesse les principes et la raison.

Mais, pour en revenir à l'extension démesurée que les partisans du principe représentatif veulent lui donner, ne serait-ce pas en tirer une conséquence fausse et dangereuse, si, parce qu'on a une assemblée législative-élective, on allait mettre de la représentation partout, dans les corps administratifs, dans le militaire, dans la justice, dans la publication des opinions, dans l'instruction publique? n'est-ce pas tout l'opposé de ce qu'il faudrait faire? Car la représentation est une véritable démocratie modifiée : si elle domine dans une assemblée qui parle au nom et en présence de la nation, il faut la restreindre dans les autres branches de la hiérarchie : autrement le trône courrait des dangers par la réunion possible de tous ces élémens démocratiques. Si au contraire ces élémens sont faibles autour du trône, ils peuvent sans danger se trouver à quelques distances, pour que les peuples aient des organes qui fassent connaître leurs besoins, et rappellent au prince qu'il est leur père. La première chose à faire dans l'organisation des états, c'est donc de fixer la part du pouvoir exécutif : on voit ensuite ce qu'on peut ac-

corder de popularité aux autres pouvoirs.
C'est ce qu'a très-bien démontré M. Necker,
dans son livre *du Pouvoir exécutif.*

L'Angleterre se flatte d'avoir un gouvernement représentatif. Je ne veux pas lui contester cet honneur: mais qu'elle se prémunisse
contre les illusions de ce titre. L'autorité est
chez elle à fleur d'eau: pour peu qu'on la fasse
baisser, elle est submergée. Si la nation veut
être représentée, suivant toute la force du
terme, elle se perd. Qu'elle soulage la misère
du peuple, mais qu'elle l'écarte des affaires
publiques; qu'elle garde ses bourgs-pourris,
s'ils donnent quelque force à l'autorité, et
tous les correctifs d'un système, qui serait la
plus belle invention de l'esprit humain, s'il
n'était entouré de précipices.

Qu'ai-je prétendu dans ce chapitre? rien
autre chose que de montrer l'impropriété du
mot *représentation* et l'abus qu'on peut en
faire; que de prouver que la liberté ne consiste pas à être représenté ou à pouvoir être
représentant, mais à avoir de bonnes lois,
des lois protectrices de tous les intérêts, et
qui soient exactement exécutées. Que si, pour
arriver à ce résultat, il faut une assemblée législative élue, non seulement je ne repousse

pas *ce moyen*, mais je le provoque de tous
mes vœux, persuadé que, pour la formation
des lois, un monarque est mieux conseillé
par une réunion d'hommes estimables et instruits, que par ses courtisans et ses ministres:
mais c'est à condition que, dans l'adoption
du mode électif, on ne s'occupera que d'a-
voir des électeurs qui connaissent les qualités
nécessaires aux législateurs, et des élus qui
possèdent ces qualités, et sachent conduire le
vaisseau de la législation, dans le pays des réalités. Admis comme passager sur ce bâtiment,
je ne me mêle pas de la manœuvre qui le fait
aller; mais je montre au pilote les écueils qu'il
doit éviter, et le port vers lequel il doit diriger le gouvernail.

CHAPITRE XII.

De la Souveraineté du peuple.

La souveraineté du peuple est encore une
de ces illusions éblouissantes que le simple
contact de notre principe conservateur résout
en fumée.

Si, par ce mot, on entend seulement le

droit qu'ont eu les premiers hommes de se réunir en société, et de mettre les lois à la place de la force, personne, je pense, ne leur en a contesté la légitimité.

Mais, sans avoir besoin de soutenir que ce droit n'a pu être exercé qu'une seule fois ; que du moment où la réunion a été formée et organisée, le souverain a disparu et a fait place au citoyen; qu'un contrat d'union passé à l'unanimité, car personne n'était obligé d'y souscrire, ne peut être dissous que de la même manière qu'il a été formé, et qu'il est impossible que, dans la civilisation actuelle, il se trouve une seule cité dont tous les membres fussent d'accord pour rompre les liens qui les unissent, afin d'en former de nouveaux ; sans recourir, dis-je, à une théorie que j'abandonne à la discussion de nos publicistes-métaphysiciens, je demanderai seulement si la souveraineté du peuple est favorable à son bonheur, à l'ordre public, à la conservation des personnes et des propriétés, à la liberté en un mot? S'il en est ainsi, respectons-la, et ne disputons plus. Mais si, comme le simple bon sens l'indique, et comme l'expérience le démontre, la souveraineté entre les mains du peuple et par lui mise en pratique, n'est

propre qu'à remettre en question les droits
les plus légitimes, à bouleverser les États, à
faire répandre des torrens de sang, et souvent
même à élever un trône au despotisme, qui
épie le moment où il pourra offrir son bras
de fer à la lassitude des partis; ah! si c'est là
toute la perspective que nous promet cette
perfide chimère, repoussons-la avec horreur;
proscrivons cette detestable et fausse doctrine; oui, fausse, je ne cesserai de le répéter,
parce qu'elle est pernicieuse; proscrivons-la
au nom du peuple qui en est victime, au
nom de l'humanité qu'elle outrage, au nom
de la liberté, qui la redoute comme sa plus
cruelle ennemie.

Mais, si le peuple veut se faire mal à lui
même, qu'est-ce qui pourra l'en empêcher,
nous dit un philosophe (1)? Supposition aussi
fausse que la conséquence! Quoi! tandis que
la Divinité a imprimé dans le cœur de l'homme, pour la conservation de son ouvrage, l'a-
mour du bien-être et de l'existence, et qu'on
ne trouverait pas un seul individu, à moins
qu'il n'eût l'esprit aliéné, qui désirât son

____

(1) Rousseau, dans son *Contrat Social;* chap. 13.

malheur, on supposerait qu'une nation entière fût capable de former un souhait aussi
monstrueux ! Quelle absurdité ! Le suicide
se donne la mort, non pas pour être malheureux, mais pour cesser de l'être. Les La-
gontins se jetèrent dans les flammes, non pour
augmenter leurs infortunes, mais pour éviter
la pire de toutes, l'esclavage. Sans doute, on
a vu des peuples, comme des individus, se
livrer à des actes qui leur ont attiré des dis-
graces, et qui ont même entraîné leur perte.
« Souvent le peuple, a dit le Dante, appelle
» à grands cris sa ruine, et blasphême son
» salut (1). » Mais c'est parce que, dans leur
aveuglement, ils se trompaient sur les suites
de leurs caprices et de leurs passions. Quand
le peuple romain donna le commandement
des armées à Marius, il ne prévoyait pas que
les fureurs de cet ennemi de la noblesse ar-
meraient Sylla, qui vengerait sur les partisans
de son rival les victimes que ce rival avait sacri-
fiées. Le peuple, cette collection d'individus, ne
peut donc vouloir que son bonheur : mais il
erre quelquefois sur les moyens de se le pro-

---

(1) *De l'Autorité judiciaire.*

curer ; et c'est pour que ses erreurs ne lui soient pas funestes, qu'il a remis son sort, et déposé ses volontés entre les mains de ses magistrats, de ses chefs, de ses rois, tous obligés, même au risque de lui déplaire, de travailler à son bonheur. Peut-on même dire que ce soit agir contre la volonté d'un homme, que de lui faire du bien malgré lui ? Si quelqu'un arrache des mains d'un forcené le poignard que, dans son délire, il allait plonger dans le sein de son ami, dira-t-on que c'est une violence faite à la volonté de ce furieux ? Oui, à sa volonté aveugle, passionnée, passagère ; mais non à sa volonté calme, réfléchie et constante. Qu'on me dise laquelle de ces deux volontés est la véritable. Si le choix n'est pas douteux, ne faut-il pas en conclure que c'est se conformer à la volonté d'autrui, et à plus forte raison à celle du peuple, que de l'empêcher de se faire du mal ? autrement il faudrait ôter, au père la tutelle de ses enfans, à l'époux, l'autorité maritale, à l'insensé, les gardes qui le surveillent : il faudrait punir l'homme généreux qui se jette dans la rivière, pour en retirer le malheureux qui y cherche la mort et la fin de ses misères.

J'allais dire que, indépendamment de ces

raisons, un seul membre de la société serait en droit, pour son propre compte, de s'opposer à la folie de ses concitoyens qui, par une délibération prise en corps, voudraient se rendre tous malheureux, pour avoir le plaisir de l'être, parce qu'un homme raisonnable n'est pas obligé de se sacrifier, pour complaire à des fous. Mais je m'aperçois que je combats des chimères.

CHAPITRE XIII.

Des Révolutions.

Vous ne voulez donc pas, me dira-t-on, de révolutions, vous les condamnez, vous les proscrivez toutes..... Oui, j'anathématise toutes celles qui sont à faire, mais non celles qui sont faites, consommées, raffermies par le temps, et lorsque les intérêts révolutionnaires ont acquis une fixité qu'on ne pourrait ébranler sans de nouvelles secousses et de nouvelles violations des personnes et des propriétés. Le droit public n'a point fixé, que je sache, de prescription aux changemens, aux usurpations politiques. C'est une matière

trop délicate à traiter, et il vaut mieux repousser les révolutions que de les raisonner.
Mais, le bon sens, la prudence, le besoin de
la tranquillité publique, et notre principe
conservateur, indiquent assez le moment où
il faut résister, celui où il faut se taire et attendre, et celui où il faut se soumettre. La
force n'a jamais été un droit; mais, quand le
nouvel ordre de choses qu'elle a fondé a pris
de la consistance, et que l'utilité publique, qui
est aussi une légitimité, en réclame le maintien, c'est une erreur et quelquefois un crime,
d'en tenter le renversement. Une contre-ré-
volution est, à proprement parler, une révolution. Elle s'annonce par les mêmes symptômes, s'exécute par les mêmes moyens,
produit souvent les mêmes calamités. Il n'y a
qu'une chose que le temps ne peut sanctionner, ce sont les institutions vicieuses, et surtout les mauvaises doctrines : car les institutions s'améliorent avec l'expérience, mais pour
les doctrines désorganisatrices, que les lois ont
l'imprudence de proclamer, plus elles fermen-
tent, plus on en doit craindre l'explosion. La
plus funeste de toutes est celle qui, dans
une monarchie, attaque l'hérédité du trône.
Rendre hommage à ce dogme sacré, en rap-

pelant son prince légitime, est le premier devoir d'une nation qui veut sortir de la crise révolutionnaire, que la violation de ce pacte fondamental lui a fait éprouver (1).

CHAPITRE XIV.

De l'utilité publique.

J'ai souvent invoqué l'utilité publique; parce que le bien général, c'est le bien de tous; c'est la liberté qui est ce qu'il y a de plus utile au monde ; mais, à quels signes peut-on reconnaître l'utilité publique? Aux mêmes signes qui font reconnaître la liberté : ce sont deux choses inséparables l'une de l'autre. Tout ce qui est favorable aux personnes et aux propriétés ; tout ce qui en assure la paisible jouissance ; tout ce qui donne de la sève à ces deux branches fondamentales de l'économie publique, d'où sortent toutes ses au-

---

(1) « Ce n'est pas pour la famille régnante que l'ordre de succession a été établie, mais parce qu'il est de l'intérêt de l'État qu'il y ait une famille régnante. » *Esprit des lois;* liv. xxvi, chap. 16.

tres ramifications; tout ce qui en élague les rameaux parasites, tout ce qui en écarte les vers rongeurs, l'intempérie des passions, tout ce qui les défend contre le souffle infect de l'arbitraire, de l'injustice, de la tyrannie, tout cela est utile, tout cela produit la liberté : bien précieux, qui ne serait plus une chimère, s'il était mieux connu.

Mais il ne faut pas confondre le bien général avec l'intérêt du plus grand nombre, pour en conclure que celui-ci doit toujours l'emporter sur l'intérêt particulier. Car le bien général embrasse tous les citoyens. Mais, il n'en est pas de même de l'intérêt du grand nombre, qui ne doit prévaloir sur l'intérêt privé qu'autant que la sauve-garde des personnes et des propriétés ne sera pas violée. C'est un principe qui intéresse la société entière, et sans lequel il n'y aurait de sûreté pour personne. S'il était permis à tous ceux qui ne sont pas contens de leurs lots, et qui forment la majorité, de demander un nouveau partage, ne serait-ce pas violer la première condition du pacte social, qui lie tous les citoyens les uns aux autres?

CHAPITRE XV.

De l'impôt.

On pourra me demander, l'impôt est-il une portion de la propriété? si c'en est une, cette défalcation forcée n'est-elle pas une atteinte à la propriété, et par conséquent, d'après vos principes, à la liberté des propriétaires? Si je réponds que l'impôt est une avance volontaire consentie par le contribuable ou ses représentans, il s'ensuivra que partout où l'impôt n'est pas consenti, il y aura violation de la liberté, ce dont je suis bien éliogné de convenir. Mais voici comme la difficulté doit se résoudre. La valeur réelle d'une propriété ne se compose que de sa valeur nette : si un fonds de terre est exposé aux ravages d'un torrent, la dépense nécessaire pour le garantir de l'impétuosité des eaux, est défalquée du prix estimatif : si des co-propriétaires d'un domaine possédé en commun, craignent que les fruits n'en soient enlevés par des maraudeurs, ils s'arrangent pour le garder ou pour payer des gardes :

5

or, tous les fonds de terre qui composent le territoire d'un Etat, réclament des digues contre les torrens, des ponts, des chemins pour le transport des engrais et des denrées, des tribunaux, une force publique, pour les mettre à l'abri du brigandage. Les frais de tous ces établissemens sont une charge inhérente à la propriété, une charge qui, dès l'origine, a été déduite du prix de toutes les mutations, qui tend à la conservation, à l'amélioration des terres : l'impôt ne peut donc être attentatoire à la propriété, il ne peut en être une diminution, que lorsqu'il est excessif, c'est-à-dire lorsqu'il dépasse les frais de la protection; ou, pour mieux dire, lorsqu'il est mal employé : car la grandeur de l'impôt, lorsqu'il tourne à l'avantage de la propriété, ne fait qu'en augmenter la valeur. Si un propriétaire emploie le quart de son capital à en doubler le produit, on ne peut pas dire qu'il le diminue.

Mais si, après avoir fait supporter à la masse des citoyens les frais de la protection commune, on fait payer à chaque individu chaque acte de cette protection; si on exige de la partie lésée, qui vient demander la réparation d'un dommage ou d'une injure, un impôt pour aborder son juge, un impôt pour le papier de la requête, un impôt pour appeler son adversaire, un impôt pour le jugement, un impôt pour l'exécution, etc., etc., *alors*, dit Bentham, *il y a attentat à la propriété* (1).

CHAPITRE XVI.

Du principe absolu.

Un grand avantage de mon système, c'est qu'à la différence de tous les autres, il ne peut devenir dangereux, fût-il poussé jusqu'à ses dernières conséquences. On a dit qu'il n'y a pas de principe absolu, parce que, de tous ceux dont on nous a entretenus jusqu'à présent, il n'en est aucun dont on ne puisse abuser, qui n'ait besoin d'être modifié par son contraire, et dont il ne faille arrêter la marche, pour qu'il n'aille pas trop loin; retenue difficile, à cause de la rapidité que l'esprit de système donne à ses inventions, et du goût du public pour tout ce qui est exagéré.

---

(1) *Législation civile et pénale;* tom. II, chap. 10, pag. 81.

Qu'on laisse faire aux abstractions, aux fausses doctrines, à celles mêmes qui sont reconnues pour bonnes, vous verrez que l'égalité des droits nous conduira à la loi agraire, la souveraineté du peuple à la dissolution des sociétés, le système représentatif au vote universel, l'indépendance nationale à la fureur des conquêtes et à la suprématie militaire, l'admissibilité à tous les emplois, à leur envahissement par les êtres les plus vils, la liberté de la presse à la diffamation des personnes et des objets les plus sacrés, l'indifférence pour les cultes à l'athéisme et à l'immoralité publique : que dirai-je? l'esprit religieux même, ce sentiment si noble et si sublime, sans lequel il est douteux qu'une société puisse subsister, l'esprit religieux ne peut-il pas, en s'exaltant, dégénérer en superstition et en fanatisme? le principe républicain et le principe monarchique, bons en eux-mêmes, suivant les localités, n'ont-ils pas une tendance naturelle, l'un à l'anarchie, et l'autre au despotisme (1)?

« Bonnes mœurs, s'écrie Bentham, égalité,

----

(1) *Législation civile et pénale.*

» berté....... puissance, commerce, religion
» même, objets respectables qui doivent en-
» trer dans les vues du législateur, mais qui
» l'égarent trop souvent, parce qu'il les con-
» sidère *comme but* et *non pas comme*
» *moyen ;* il les substitue au lieu de les su-
» bordonner. »

C'est la difficulté de garder un juste milieu
entre tant d'écueils, et de se préserver d'un
excès pour tomber dans un contraire, qui a
jeté tant de divergence dans les systèmes,
tant d'inconstance dans l'opinion, tant d'incertitude dans la marche des gouvernemens,
tant d'inquiétude dans les esprits. Les gouvernans, avec de bonnes intentions et du
talent, ne savent plus comment tenir les
rênes; ils essaient de tout, parce qu'on n'est
content de rien : après avoir admis un principe, ils croient devoir en éluder les conséquences : pour réprimer un parti, ils ne
trouvent pas d'autre moyen que de lui en
opposer un autre : à une règle générale, il
faut chercher des exceptions; on marche de
provisoire en provisoire, de contradiction en
contradiction; les plus belles promesses sont
démenties par les effets : on ne voit que ténèbres au milieu de tant de flambeaux allumés,

et au lieu de remonter à la source du mal, on ne sait qu'en déplorer, qu'en agraver les effets par de nouvelles aberrations.

Mais qu'on exagère tant qu'on voudra le principe conservateur fondé sur le respect des personnes et des propriétés, qu'on l'abandonne à sa propre impulsion, qu'on écarte tout ce qui pourrait en ralentir la marche, il pourra trouver des obstacles, mais jamais des dangers; il pourra arriver à des barrières, mais non à des précipices; et ses antagonistes diront qu'il est impraticable, plutôt que de soutenir qu'il est dangereux. Quel excès, en effet, pourrait-on trouver dans ce dogme conservateur, poussé jusqu'à la superstition? dogme éternel, immuable, inné dans le cœur humain, émané de la Divinité même; le seul qui n'admette point d'exception; le seul qui soit de tous les pays, de tous les climats, de tous les gouvernemens, de toutes les religions; le seul qui puisse servir de type aux institutions sociales; le seul, en un mot, qui donne la liberté.

Les autres théories, brillantes dans le lointain, plaisent à l'esprit, flattent les passions; mais de près et en les pressant, elles exhalent une odeur fétide, et répandent un poison

mortel; au lieu que la nôtre, simple et modeste, ne fait de promesses qu'autant qu'elle
peut les tenir, donne des réalités au lieu de
vaines espérances, et, en dissipant toutes les
illusions, elle montre à l'homme social le
bonheur dont il est susceptible, et au législateur, les moyens qui seuls peuvent l'opérer.

LIVRE II.

DE LA JUSTICE DISTRIBUTIVE.

En assignant à la liberté de l'homme, les seuls caractères qui lui sont propres, nous avons vu qu'elle consiste dans la jouissance paisible et assurée de tous les biens qui sont attachés à sa personne et à la propriété : or, cette jouissance recevant sa protection de la justice distributive, on sent combien est étroite l'union du pouvoir qui garantit avec la chose qui est garantie. Mais la justice serait en vain dans toutes les bouches; en vain elle serait inscrite en lettres d'or dans les tables de la loi; le principe conservateur ne serait qu'une vaine théorie, et la liberté qu'un droit illusoire, si la justice n'était mise en action, si elle n'était distribuée exactement par les tribunaux. La justice est au monde social ce que le mouvement est au monde physique, ce que le principe vital est au corps humain.

Pour mieux démontrer cette vérité, je vais mettre dans un plus grand jour l'influence et l'étendue du pouvoir judiciaire : nous nous occuperons ensuite du principe qui doit présider à son organisation.

CHAPITRE PREMIER.

Origine de la justice distributive.

Les hommes, en formant des sociétés, ne se sont proposé d'autre but, comme je l'ai dit en commençant, que de soustraire leurs personnes et leurs propriétés aux atteintes qu'ils avaient à craindre, soit de la part des ennemis étrangers à l'association, soit de la part des malfaiteurs qui en faisaient partie. Ils employèrent contre les premiers, la réunion des forces individuelles, et, contre les autres, l'action de l'autorité : mais, dans l'un comme dans l'autre cas, ils ne voulurent que prévenir ou réparer les injures et les dommages auxquels ils étaient exposés; c'est-à-dire se faire rendre justice (1).

Tout annonce que, dans les commencemens, cette double garantie fut remise dans les mêmes mains, et que l'épée qui avait repoussé l'ennemi extérieur, frappait, la balance à la main, les ennemis domestiques; voilà pourquoi Thémis est représentée avec le double attribut de la force et du droit.

Le mot κρινεῖν chez les Grecs, et le mot *decernere* chez les Latins, signifiaient tout à la fois, la justice et la guerre.

Mais dans la suite, et lorsque les États se furent accrus en nombre, en population et

---

(1) «La guerre est une espèce de procédure par laquelle on cherche, de part et d'autre, à se mettre en possession des avantages qu'on s'est respectivement adjugés. C'est un exploit par lequel on fait exécuter tout un peuple. Le souverain attaquant, c'est le demandeur; le souverain attaqué, c'est le défendeur. Celui qui soutient une guerre défensive et offensive, joue, comme dans un procès, les deux rôles contraires..... Ce parallèle peut servir à introduire des principes d'humanité qui adouciraient les maux de la guerre. » BENTHAM, *Traité de la législation civile et pénale;* tom. II, chap. 23, pag. 330, de la traduction.

en étendue, la complication de la machine politique en fit multiplier les ressorts : la justice extérieure fut confiée à des généraux, et la justice intérieure à des magistrats, avec cette différence que les armées n'étaient pas toujours sur pied, et encore moins en présence de l'ennemi, et que, la guerre terminée, les soldats et les chefs rentraient dans leurs foyers, et redevenaient citoyens, au lieu que les tribunaux, chargés du maintien habituel de l'ordre intérieur, et du soin de combattre ou prévenir l'injustice et la violence qui renaissaient sans cesse, devinrent la sauvegarde permanente de la liberté.

La première des institutions civiles a donc dû être un tribunal, parce que cette institution est indispensablement nécessaire; et que c'est la seule qui constitue essentiellement la cité. Le plus ancien monument, le bouclier d'Achille, décrit par Homère, représente des juges assemblés.

On peut supposer un État qui existe sans armée, n'étant entouré que de voisins pacifiques; sans impôts, personne ne recevant de salaire public; sans administration, chacun pourvoyant de sa personne aux travaux publics; sans lois et sans législateurs comme à

Sparte, où les juges n'avaient pour règle que leur conscience et l'équité; sans appariteurs de justice et sans force publique, comme dans Rome naissante, où les parties exécutaient elles-mêmes les jugemens qu'elles obtenaient (1). Mais, quelque exigu qu'on suppose un État, il est impossible qu'il puisse subsister sans justice, parce que, s'il pouvait s'en passer, ce serait une preuve que la conscience des particuliers serait une garantie suffisante : mais alors tout serait inutile, non-seulement les tribunaux, mais l'association elle-même.

CHAPITRE II.

Étendue du pouvoir judiciaire.

Le spectacle d'une audience ne présente aux simples curieux que le tableau des misères humaines, et la lutte des intérêts et des passions. Ils n'aperçoivent pas cette chaîne qui lie

______

(1) Ainsi qu'on le voit dans *l'Histoire de la jurisprudence romaine*, par Terrasson; pag. 101, col. 2.

la balance de la justice à l'ordre social : ils ne voient pas que les actions qui paraissent les plus volontaires, sont forcées par la crainte des jugemens ; que si le débiteur paie ses dettes, le contribuable ses impositions ; si l'ouvrier remplit sa tâche, si l'homme de mauvaise foi agit comme un honnète homme, c'est qu'ils craignent les suites d'un procès, et la présence de l'huissier ; que si le mendiant se contente de présenter la main, c'est qu'il préfère l'aumône à la prison : ils ne voient pas que, s'ils dorment tranquillement dans leur lit, que si leurs filles ne sont pas outragées au milieu des rues, ils en sont redevables à la crainte de l'échafaud. Il n'y a pas jusqu'au fruit le plus commun qui ne soit conservé sur l'arbre par la main invisible de la justice.

Comment expliquer ce phénomène d'une grande ville, dans laquelle cent mille individus, tous animés de passions différentes, jeunes et vieux, forts et faibles, pauvres et riches, simples et rusés, tous en contact les uns avec les autres, et chacun agissant dans son intérêt, roulent, se croisent, se mêlent, se heurtent, sans que du choc de tant de fermens divers il résulte la moindre confusion, le moindre ébranlement? C'est que la justice, comme une seconde Providence, maintient tout ce mouvement dans l'équilibre, et qu'elle conserve l'ordre public au milieu de tous les élémens de dissolution.

Il n'est pas jusqu'aux gouvernemens qui ne soient dans la dépendance du pouvoir judiciaire, et qui n'aient besoin, pour agir et pour résister, de son intervention : car s'ils éprouvent un refus dans le service public; s'ils éprouvent de l'opposition à quelques mesures administratives ou de police; s'il se manifeste des symptômes alarmans pour la tranquillité publique, ne sont-ils pas obligés de s'adresser aux tribunaux, et d'attendre la force de répression qui leur manque? La police aura beau envoyer sur les lieux menacés des agens et la force armée; les soldats ne peuvent être présens partout; et si ces mesures préventives n'ont pas pour résultat de livrer les malfaiteurs à la justice; si l'homme qui médite un mauvais coup, n'a à craindre que l'appareil militaire, et non l'infligation des peines, il n'aura, pour pouvoir, sans risque, sortir de son embuscade, et exécuter le sinistre dessein qu'il a conçu, qu'à attendre le moment où la troupe se sera retirée. En un mot, faites cesser pour vingt-quatre heures l'appréhension de la peine, et tout est en combustion (1).

Le gouvernement veut-il encourager l'agriculture et l'industrie? qu'il écoute Bentham : « L'objet le plus important, dit-il, c'est la » sûreté. Ordonnez de produire, ordonnez de » cultiver, vous ne faites rien encore; mais » assurez au contraire au cultivateur les fruits » de son industrie, de son travail, et vous » avez peut-être fait assez (2). »

***

(1) « Considérez la société en elle-même, le but pour lequel elle existe, la nature et la diversité des pouvoirs, et vous reconnaîtrez que l'action de tous ces pouvoirs vient se résoudre et se confondre dans l'action du pouvoir judiciaire...... L'autorité qui veille sans cesse à la sûreté de tous et de chacun, ne déploie la force de l'autorité dont elle est la dépositaire, que pour amener ceux qui la troublent devant les tribunaux. » M. ROYER-COLLARD.

(2) *Législation civile et criminelle;* tom. 2, p. 110. « Quand les hommes sont sûrs de jouir des fruits de leurs sueurs, ils cherchent à rendre leur condition meilleure, et tâchent d'acquérir, non-seulement ce qui est nécessaire pour vivre, mais ce qu'il faut pour vivre commodément et agréablement..... De là vient cette industrie, qui aspire à quelque chose de plus que le simple nécessaire, s'est facilement éta-

Voyez la Corse, cette terre malheureuse, où il faut aller réfléchir sur la liberté, par cela seul qu'elle n'y existe pas, ainsi que fit Lycurgue, en allant visiter les États despotiques de l'Asie, pour apprendre à donner à Sparte un gouvernement libre.

La nature a favorisé la Corse de tous ses dons : fertilité, climat, situation, ports, rivières, productions de tous les pays, rien ne manque à son territoire, qui pourrait nourrir six cent mille habitans. On y a envoyé des colons, des agronomes ; on y a fait des établissemens ; on y a ouvert des grandes routes ; des encouragemens ont été donnés à l'agriculture, au commerce, à l'industrie ; des administrateurs, des gouverneurs, des conseillers-d'état, ont tâché d'y faire éclore les germes de prospérité qu'elle recèle ; tout a été inutile ; parce qu'on a bâti sur le sable, parce qu'on a négligé la seule chose dont cette terre avait besoin, une bonne justice. C'est l'absence de ce principe vital qui a fait tout languir.

---

blie dans les lieux où *les personnes et les propriétés étaient respectées.* » ADAM SMITH, *Recherches sur les causes des richesses des nations ;* liv. III, chap. 3.

Qui voudra cultiver avec soin un champ dont il ne sera pas sûr de faire la récolte ? Qui voudra tenter des entreprises, si le recouvrement de ses avances ne lui est pas même assuré? Comment se livrer à son industrie , lorsqu'on est distrait par le soin de sa propre conservation? Et on reproche à ces malheureux insulaires d'opposer par des mœurs sauvages, d'invincibles obstacles à la civilisation! Quelle excuse! quelle injustice! ces mœurs ne sont que le résultat de leur situation précaire , et de la faiblesse des lois; ces mœurs sont celles des Germains, décrites par Tacite : ils sont sobres, hospitaliers, reconnaissans, braves, fiers, sensibles aux injures; mais avec cette différence que le Germain offensé courait aussitôt aux armes pour se venger, et que le Corse attend, pour remplacer la justice par la vengeance, que la justice lui ait été refusée par les tribunaux. Il faut bien, disent-ils, opposer la crainte des représailles à ceux que la justice ne sait pas contenir (1).

---

(1) Le passage suivant pourra donner une idée des mœurs corses. Il est extrait du discours que prononça

6

le premier président de la Cour Royale, à la rentrée du 4 novembre 1817.

« Le premier soin de l'homme est celui de sa conservation. L'homme ne renonce à la défense naturelle que pour trouver une meilleure sauve-garde dans la protection commune. Mais si la société ne peut le protéger, s'il se voit seul contre tous, un instinct conservateur le ramène à ses premiers droits. Voilà l'histoire des Corses.

» Pendant le cours, presque non interrompu, de troubles, d'anarchie et de révolutions, qui ont désolé ce malheureux pays, les anciens Corses, ne trouvant aucun appui dans les lois, ont cherché à se défendre individuellement eux-mêmes. Pour accroître leurs forces personnelles, ils ont formé des associations; des familles se sont coalisées, et par conséquent se sont séparées des autres; le faible a cherché l'appui du fort, et le fort, pour être plus puissant, n'a pas dédaigné l'assistance du faible.

Partout où le besoin réunit les hommes, il se forme des maximes et des préjugés favorables aux intérêts de ces réunions. Ainsi, le parent qui se montrait insensible à l'outrage fait à ses proches, celui qui méconnaissait les devoirs de l'amitié, en refusant d'épouser la querelle de son ami, étaient notés d'infamie. De là, le patronage, la clientèle, connus également des Romains et des Germains, et qui n'étaient, sous les Français des premières races, et sous des formes différentes, que la féodalité et le vasselage; de là, les partis qui, même dans ces derniers temps, étaient plutôt domestiques que politiques; de là, le ressentiment des injures, et la honte attachée au pardon qui n'était pas racheté par une composition et un traité de paix ; de là, le point d'honneur, si commun chez les peuples primitifs, de qui nous tenons encore le duel, et chez qui sont nées peut-être les premières lois de la chevalerie, instituée pour la réparation des torts ; de là, ces guerres privées, déclarées, soutenues et terminées avec toutes les formalités du droit des gens ; de là, enfin, cette *vendetta*, ces haines et ces amitiés héréditaires dont nous apercevons tous les jours de malheureuses traces. »

Je ne puis quitter un terrain si fécond en observations utiles, et si appropriées à mon sujet. Pourquoi les Corses se sont-ils révoltés si souvent ? Est-ce l'ambition, l'amour-propre, le désir de l'indépendance, qui ont armé ces braves insulaires ? Non, tous les manifestes publiés contre les Génois, prouvent qu'ils ne se plaignaient que de l'arbitraire, des injustices, des vexations et de l'impunité. Ils ne demandaient qu'une bonne justice, des juges, des gouverneurs intègres, et la sûreté des personnes et des propriétés. Ils ont offert, ils ont demandé comme une grâce d'être privés de l'usage de leurs armes, et ils ont payé cette prohibition en impôts. Pendant la terreur, ils ont montré l'horreur qu'ils avaient des mesures révolutionnaires. Des sept députés qu'ils avaient à la Convention, un seul a démenti le nom Corse, dans le jugement de l'infortuné Louis xvi.

CHAPITRE III.

Principe de l'organisation judiciaire.

A voir la légèreté avec laquelle on fait des lois, avec laquelle l'on nomme des juges, on croirait qu'il suffit d'avoir des législateurs pour avoir de bonnes lois, et des tribunaux, pour qu'elles soient bien exécutées. Mais malheureusement, il n'en est pas ainsi : les bons législateurs sont aussi rares que les bons juges ; et, ce qui est bien plus vrai encore, c'est que la liberté court de plus grands risques, avec de mauvais juges, qu'avec de mauvaises lois. Nous supportons plus facilement l'injustice du législateur, parce que chacun en partage le fardeau, et qu'on ne voit dans le mal qu'il nous fait, qu'un accident, et aucune acception de personne. Mais être opprimé par ceux qui doivent nous secourir ; ne pouvoir attribuer le dommage ou l'injure qu'on reçoit, qu'à la faveur, au crédit, à la corruption, à l'ignorance ou à la haine, n'est-ce pas là le comble de l'oppression et le joug le plus insupportable ?

Le premier devoir du législateur qui veut assurer la liberté publique, la liberté de tous, est donc de mettre la justice distributive en état de remplir, dans toute sa plénitude, sa haute destination, et de lui donner tous les moyens légaux et moraux nécessaires pour arriver à ce résultat.

Je veux, sur cette matière, exposer mes principes. Ils sont puisés dans la nature des choses, ou plutôt dans celle de l'homme.

Si tous les hommes étaient bons, avons-nous dit, la justice publique serait inutile. J'ajoute que, s'ils étaient tous mauvais, elle ne serait qu'un vain simulacre, ou un moyen de plus d'oppression. Comment l'autorité pourrait-elle être tutélaire, puisqu'elle ne pourrait être confiée qu'à des hommes corrompus? L'alliance de l'iniquité avec le pouvoir! quel monstrueux assemblage! Mais écartons une pensée aussi affligeante, et heureusement aussi fausse : non, elle n'est pas encore éteinte, cette conscience que les égoïstes méprisent, que les méchans outragent, que les impies traitent de chimère. La Divinité, après avoir créé le genre humain avec la matière, lui a donné la justice pour sa conservation. C'est la justice qui légitime la force, ennoblit la valeur, calme la haine, adoucit la férocité, donne des remords au crime, des jouissances à la vertu ; et si son nom sacré a été donné spécialement au pouvoir chargé de l'exécution des lois, c'est pour conserver à ses organes les titres de leur origine, et pour leur rappeler la noblesse de leurs fonctions. Quel empire n'exerce pas cette éternelle justice ! quelle influence n'a-t-elle pas sur le monde social ! On lui doit tout : bonheur, lois, morale, liberté, et cette arme du malheureux, la douce pitié. Mais quel prodige se présente devant moi ! Ce sont deux armées en présence, et prêtes à inonder la terre de sang. L'une, composée de diverses nations long-temps opprimées, trempe son courage dans l'indignation, le désespoir et la justice de sa cause : l'autre lasse enfin, au milieu de ses trophées, d'être l'instrument de la tyrannie, sent ses forces s'affaiblir, et les armes de ses soldats échappent de leurs mains si souvent victorieuses. C'en est fait ; l'épée du conquérant cède à la justice des nations : l'impie *Adraste*, à qui trop long-temps la force avait tenu lieu de droit, tombe enfin du faîte de la puissance, et sa chute est le signal de la réconciliation de deux armées : les soldats, naguère ennemis, s'embrassent comme des libérateurs et des frères, et célèbrent, par des fêtes, le triomphe de la justice, et leur délivrance commune.

Si la loi pouvait coordonner les actes des juges, comme elle règle les actions des citoyens, et s'il ne leur fallait, pour s'acquitter dignement de leurs fonctions, que le degré de raison et de probité nécessaire pour former un honnête homme, le législateur pourrait se flatter de monter la machine judiciaire, de manière que les mouvemens en fussent toujours justes et réguliers.

Mais si la loi peut atteindre les actions extérieures, elle ne peut contraindre l'opinion. L'homme privé répond de ce qu'il fait : mais le magistrat ne peut répondre de ce qu'il pense : que l'acte émané de lui exprime sa propre conviction, ou soit le produit de quelque vue désordonnée, il n'a, dans l'un comme dans l'autre cas, d'autre responsabilité que celle de sa conscience ; parce que, pour connaître le véritable motif de sa détermination apparente, il faudrait investiguer ses pensées secrètes ; ce qui serait absurde, inquisitorial, et même impossible.

La loi est aussi impuissante à maîtriser la

forme que le fond. Une formalité est-elle pres-crite ? le juge négligent ou prévaricateur écrit qu'il l'a observée; et il écrit un mensonge. Lorsqu'il était défendu d'interroger les témoins, le chancelier d'Aguesseau disait : *Le mal n'est pas de le faire, mais de le dire.*

Et si le juge omet l'expression consacrée, ce n'est pas toujours une violation que la loi punit de la peine de nullité. Souvent la formalité est observée : mais, par une dis-traction involontaire, on oublie d'en faire mention.

La loi fixe-t-elle des délais? Qui empêche les juges de les prolonger par des remises , et les avocats par des incidens ?

Faible ressource que l'action en déni de justice ! Quel est le justiciable qui osera se servir de ce moyen offensant pour le juge ? Quel est le juge qui se verra de sang-froid instrumenter par son justiciable?

La loi de 1790 (1) avait défendu aux juges d'interpréter la loi. Dans le doute, il fallait s'adresser au corps législatif. Beaucoup d'affaires en furent paralysées. Il fallut révoquer cette prohibition par le Code civil, et défendre

____

(1) Titre ii, art. 12.

aux juges, *en cas de silence, d'obscurité ou d'insuffisance de la loi,* de suspendre leurs jugemens, *sous peine de déni de justice* (1).

Rien n'était plus risible que les jactances des réformateurs de 1790. Ils prétendaient ne faire d'un juge qu'une simple machine, et ne lui laisser que des yeux pour lire la loi, qu'une langue pour en prononcer les paroles. Ils ne parlaient que de *limiter* et d'enchaîner le pouvoir judiciaire. Ils voulaient, par une prétention contradictoire, que *tout fût prévu et déterminé dans le Code,* et cependant, *qu'il y eût peu de lois.* Ils voulaient, disaient-ils, si bien arranger les choses, *qu'il sera impossible aux juges de porter atteinte à cette liberté, que les lois les chargent de garantir, de manière que leur autorité, toute puissante pour protéger, devienne tout-à-fait nulle, sitôt que changeant sa destination, ils tenteraient d'en faire usage pour opprimer* (2). On sait si les effets ont répondu aux promesses.

____

(1) Art. 4.

(2) *Rapport de M. Bergasse, au nom du comité de constitution.*

Sans doute, il faut peu de lois civiles , comme le disait M. Bergasse. Il n'y en avait point à Sparte; très-peu à Venise (1); Platon préférait *les lois vivantes;* Thomas Morus voulait qu'on laissât la punition des crimes *à la discrétion des juges.* « Dans un état bien policé, disait le chancelier de L'Hôpital, il doit y avoir *peu de lois et de bons magistrats* » (2); mais, pour cela, il faut accorder quelque latitude aux juges, non cet arbitraire de l'homme, qui ne consulte que le caprice ou la passion; mais cet *arbitrium boni viri,* si souvent employé dans les lois romaines, qui concilie l'équité avec la rigueur de la loi, la lettre avec l'esprit qui l'a dictée, supplée à son silence, et en corrige même au besoin les imperfections (3).

. (1) CONDILLAC, *Traité des études; Histoire moderne;* tom. 9, chap. 4, pag. 295; où il dit que la justice de Venise en était mieux administrée.

(2) L'auteur, qui rapporte ces paroles du chancelier, combat ce paradoxe de Montesquieu : *que les juges ne sont que la bouche qui prononce les paroles de la loi. Encyclopédie;* section jurisprudence, au mot *justice,* pag. 377.

(3) Ceci se comprendra encore mieux quand je traiterai des affaires criminelles.

M. Bergasse, rapporteur du comité de législation, avait annoncé un Code sur la responsabilité des juges. Ce Code est encore dans le néant, et n'en sortira jamais. Quand la loi a dit, le juge sera responsable, *si evidens arguatur ejus vel gratia, vel avaritia, vel inimicitia, vel etiam sordes* (1), elle a fait tout ce qu'il lui était possible de faire.

Mais quels fruits retirerez-vous même de la responsabilité, ainsi limitée dans la sphère de son élément? Croit-on qu'un juge vénal soit assez maladroit, pour laisser des traces de sa vénalité? Sera-ce son corrupteur, son complice, qui viendra dévoiler une turpitude qui leur est commune, et s'offrir à en partager la peine et l'infamie? A-t-on vu punir beaucoup de juges prévaricateurs ? En a-t-on vu beaucoup frappés par la forfaiture ? Quel est le juge inique qui ait été retenu par la crainte de la loi pénale? Cette peine pourra-t-elle d'un homme corrompu faire un honnête homme? Donnera-t-elle du zèle à l'indifférence, de l'activité à la paresse, de l'instruction à l'ignorance, de la fermeté à la faiblesse, de la mo-

---

(1) Leg. 15, § 1, ff. *de judiciis.*

dération à l'esprit de parti? Donnera-t-elle de l'impassibilité à la pitié, à la reconnaissance, au sentiment des injures, et à toutes les affections de l'âme, source féconde, mais cachée, d'injustices et de faux jugemens? Ah! quand on a besoin des plus hautes vertus, suffit-il d'élever un vain épouvantail contre les vices les plus grossiers!

Les anciennes ordonnances étaient remplies de menaces et de peines contre les officiers de justice : on y avait prodigué les mots de *prise à partie, de forfaiture, de peine de nullité, de dommages et intérêts, de privations des gages,* etc. M. Pussort, travaillant à l'ordonnance de 1667, crut qu'en renouvelant ces menaces, il assurait l'exécution de son projet de loi. Il fit plus; il annonça aux magistrats que l'intention de son maître était que *les peines contre ceux qui violent les règles ne fussent plus comminatoires, et qu'il saurait bien les faire exécuter.* Qu'en est-il résulté? Rien. M. de Lamoignon, qui voyait mieux les choses, pensait au contraire *qu'il fallait s'en rapporter à l'honneur et à la conscience des juges.* « Cette défiance, disait- » il, était trop forte pour ne pas dégoûter les » gens de bien et relâcher leur zèle,.... et elle

» serait toujours trop faible, pour corriger les
» méchans, parce qu'elle ne leur fermerait pas
» si bien toutes les voies, qu'ils ne trouvassent
» aussitôt celles d'éviter les peines pour com-
» mettre des injustices. »

A quoi servent donc toutes ces prohibitions pénales? A rien absolument, si ce n'est quelquefois à faire sacrifier le fond à la forme, la justice à la crainte de se compromettre. Dieu nous préserve de ces juges timides, qui sont plus occupés de mettre leur responsabilité à couvert, que de rendre une bonne justice! Circonscrits dans les termes de la loi, ils ne font précisément que ce qu'elle leur ordonne, et se dispensent des obligations bien plus grandes que le bien de la justice prescrit à leur conscience. Ils font tout le mal qu'on peut faire avec les lois, et ne font aucun des biens qu'on peut faire sans elles. Peu leur importe d'être condamnés au tribunal des honnêtes gens, pourvu qu'ils soient absous par les tribunaux civils!

Quel parti reste-t-il donc à prendre? Un seul : mais, pour qu'il réussisse, il faut s'y attacher avec confiance, et avec une constance à toute épreuve. Il faut surtout se bien pénétrer de l'inutilité de tout autre moyen, et ne chercher de salut que là où il se trouve.

Puisque nulle force législative ne peut pré-valoir sur l'impéritie et la mauvaise volonté des ministres de là loi, il est évident que, pour lever ce double obstacle, il n'y a qu'un moyen: c'est de ne confier l'auguste ministère de juge, qu'au savoir et à l'intégrité, et de faire tous ses efforts pour atteindre ce but. L'expérience des siècles et la nature des fonctions judiciaires ont démontré, jusqu'à l'évidence, cette grande et instructive vérité, que les qualités morales peuvent seules donner aux peuples une bonne justice, et qu'il vaut mieux même de bons juges avec de mauvaises lois, que de bonnes lois avec de mauvais juges.

Mais suffit-il d'un savoir superficiel dans une profession où toute une vie n'est qu'un long apprentissage? Suffit - il d'une probité commune dans cette succession de sacrifices, dans cette lutte perpétuelle où la victoire est presque toujours suivie d'un nouveau combat, dans cette voie semée de piéges et de séductions, où l'homme, selon le grand d'Aguesseau, doit même se méfier de ses propres vertus?

Former et choisir de grands magistrats;

voilà tout le secret du législateur, toute la science de l'homme d'Etat. Il ne faut pas croire que cette tâche soit facile à remplir. On ne fera jamais rien de bon, si on se contente du médiocre, dans une partie où le meilleur suffit à peine.

Pour arriver à cette perfection morale, la seule qui puisse convenir au système judiciaire, pour s'en rapprocher du moins le plus qu'il est possible, quelle voie faut-il prendre? C'est un sujet que je traitai en 1788 (1), dans un moment où tous les esprits s'occupaient de réforme; j'y reviendrai lorsque je proposerai, à la fin de cet ouvrage, les améliorations que je crois indispensables.

En attendant, je me contenterai d'observer que ce n'est qu'avec des causes morales qu'on peut se flatter d'obtenir des effets moraux; que l'émulation, la considération, l'obligation d'un noviciat, les conditions d'éligibilité, l'avancement graduel, l'espoir des récompenses, les distinctions honorifiques, les attributions qui annoncent la confiance, etc., sont tout à la fois des barrières

______

(1) *Essai sur les réformes à faire dans l'administration de la justice.*

qui défendent à la médiocrité l'entrée du sanctuaire, des véhicules qui y poussent les hommes de mérite, et des germes propres à faire éclore le goût des études, l'amour de la justice, et toutes les vertus nécessaires à une profession où elles sont indispensables.

LIVRE III.

DU JURY EN GÉNÉRAL.

CHAPITRE PREMIER.

De l'opposition du jury au principe judiciaire.

Mais, si les juges, au lieu d'être choisis, avec le plus grand soin possible, parmi le petit nombre d'hommes vertueux, versés dans la science du droit; si au lieu d'être préparés par des études, soumis à des épreuves, excités par l'émulation, contenus par l'opinion publique, et encouragés par l'estime de leurs concitoyens, ils étaient tirés au sort, choisis dans une foule d'éligibles, de sujets médiocres, d'hommes de tous les états, sur lesquels

aucune responsabilité, même morale, n'aurait de prise, formant à la hâte un tribunal
éphémère, renouvelé aussitôt que dissous,
n'apportant dans le court exercice de leurs
fonctions, au lieu de l'expérience et du savoir, que des intentions équivoques, et le désir de retourner bien vite dans leurs foyers;
quelle confiance pourrait-on avoir en de pareils jugeurs?

Eh bien ! ce qu'il serait absurde de proposer sans déguisement, on le fait par des voies
détournées : en changeant les mots, on croit
avoir fait perdre la chose de vue, et en qua-
lifiant de *pairs* ou de *jurés* les organes de la
loi, on se flatte qu'en eux, on n'apercevra
point des juges.

Mais, on a beau inventer des dénominations, créer de nouveaux agens, diviser les
fonctions, ces fonctions restent, quoiqu'elles
changent de mains : elles subsistent, parce
qu'elles sont, de leur nature, indestructibles.
Juger est un acte qu'on ne peut détruire
qu'avec la société : on peut bien le déplacer,
en changer le nom et les organes : mais quelque forme qu'on lui donne, quels que soient
les individus à qui on le confie, il ne quitte
jamais son caractère indélébile.

Et qu'on me dise ce que c'est dans le fond qu'un juré, si ce n'est pas un véritable juge, chargé de prononcer irrévocablement sur l'honneur, la vie et les biens des citoyens ? A quoi se réduit la fonction du magistrat qui l'assiste ? Est-il autre chose que l'instrument aveugle *d'une volonté qui lui est étrangère ?* Que lui reste-t-il à faire, quand le jury a prononcé ces mots, *l'accusé est coupable,* si ce n'est d'ouvrir les yeux, comme dit Montesquieu, et *de lire le texte de la loi ?* Et c'est pour cela qu'en Angleterre un seul juge préside les assises, et fait l'application de la loi : à Rome, on crut même inutile de faire intervenir deux autorités, *la loi se trouvant à côté du fait* (1) ; et quand la majorité des juges, car c'est ainsi qu'on appelait ceux à qui il nous a plu de donner un autre nom (2), avait opiné pour la condamnation, tout était

____

(1) *L'Esprit des lois;* tit. vi, chap. 3.

(2) M. Bourguignon convient que « chez les peuples où l'institution du jury est admise, les véritables juges criminels sont ceux qui sont chargés de prononcer sur la culpabilité de l'accusé. » *Mémoire sur les moyens de perfectionner le jury;* pag. 4; en note.

terminé ; le préteur n'avait plus qu'à congédier l'assemblée ; la peine n'était qu'une affaire d'exécution.

Il suit de là qu'en reconnaissant l'innocence ou le crime, en prononçant une décision qui ne laisse plus qu'une fonction matérielle à remplir, les jurés sont investis d'une véritable magistrature, et de cette puissance judiciaire que les peuples n'ont remise entre les mains de leurs chefs, qu'afin qu'ils l'exerçassent eux-mêmes, ou qu'ils la confiassent à des hommes supérieurs au reste de la nation, par leurs vertus et leurs doctrines.

CHAPITRE II.

Affaires criminelles.

Mais, nous dit-on, les procès criminels, à la différence des causes civiles, n'exigent qu'une capacité ordinaire ; il ne faut que du bon sens et les premiers élémens de la raison, pour décider si tel fait a eu lieu, si l'accusé en est l'auteur, s'il a agi avec l'intention du crime, et si toutes les circonstances aggravantes sont prouvées. Tout le monde est à peu près en état de remplir une pareille mission.

J'observerai d'abord que, dans beaucoup de questions, il y a mélange de fait et de droit. Pour décider si un homme est coupable de faux, de concussion, de banqueroute, de calomnie, d'homicide simple, prémédité, provoqué, en défense naturelle, il ne suffit pas d'être assuré des faits et de leurs auteurs, il faut encore savoir si ces faits constituent une culpabilité, c'est-à-dire, s'ils présentent les caractères criminels spécifiés par la loi ; ce qui en fait une question légale qu'il n'est pas toujours facile de résoudre.

Mais, en convenant que les qualités de l'esprit ne sont pas aussi nécessaires au juge criminel qu'au juge civil, il faut qu'il possède, en revanche, au plus haut degré, les qualités du cœur.

Dans les discussions civiles, la balance de la justice est moins exposée à perdre son équilibre. Les intérêts du demandeur sont contrebalancés par ceux du défendeur : attribuer à l'un ce qui appartient à l'autre, serait une prévarication dont on ne pourrait se déguiser la bassesse ; et, à moins d'une partialité et d'une corruption infiniment rares, il n'est pas à craindre que des juges sacrifient sciemment des devoirs qu'ils ne peuvent méconnaître.

Mais, il n'en est pas de même dans les causes où il s'agit de la vie et de l'honneur des citoyens. Quoiqu'il y ait deux parties distinctes, la société qui accuse, et l'homme qui est accusé, l'intérêt social s'affaiblit devant des hommes d'une moralité ordinaire : ils ne voient qu'un malheureux dans les fers, une famille éplorée, l'échafaud qui se prépare. Préféreront-ils un devoir pénible, qui peut leur faire des ennemis, et laisser dans leurs âmes un souvenir douloureux, aux bénédictions d'une famille, et à la satisfaction d'avoir rendu le plus grand de tous les services?

D'un autre côté, les affaires criminelles sont celles auxquelles le public prend le plus de part. S'il se prévient pour ou contre l'accusé, si de fausses lueurs l'accusent ou le justifient; si l'opinion publique, si l'esprit de parti enveniment les débats; si son emploi, ses opinions, sa conduite, ses liaisons, son moral, le fait même de l'accusation, rendent l'accusé agréable ou odieux à la multitude; si en outre il a pour protecteur ou pour ennemi, un homme puissant, un intrigant adroit, quelle force d'esprit, quelle fermeté, quel caractère, quelle délicatesse, quelle passion de son devoir, ne faudra-t-il pas à des juges chargés, en pareilles circonstances, de prononcer sur une accusation entourée de tant de prestiges, de piéges et de séductions?

Et ces qualités supérieures, c'est à des magistrats indépendans, inamovibles, exercés, pénétrés de leurs devoirs, élevés par leurs places au-dessus de toutes les considérations personnelles, qu'on les refuse, pour les accorder à une foule d'hommes privés, accessibles à toutes les erreurs, à toutes les craintes, et qui ne peuvent ni donner de garantie de leurs principes, ni en recevoir contre la vengeance du scélérat qu'on leur donne à juger.

CHAPITRE III.

De l'indulgence des Jurés.

A la bonne heure, répondent les partisans du système que je combats, à la bonne heure que les jurés poussent l'indulgence un peu trop loin : mais ce défaut même nous garantit d'un plus grand malheur, et il est bien moins à craindre, avec des hommes privés, qu'un innocent soit condamné, qu'avec des juges permanens, endurcis par l'habitude de voir des criminels, et d'infliger des châtimens.

Oui sans doute, *le coupable* aura plus de chances favorables à espérer devant des hommes nouveaux, dont la plupart reçoivent toutes les impressions, accueillent tous les moyens de défense, se roidissent contre la conviction : je ne dis pas qu'il ne soit pas condamné : il le sera, si l'évidence jaillit de toutes parts, si les faits sont faciles à saisir, si le crime est de nature à indigner l'homme le plus indifférent, si aucun sentiment étranger ne vient contrarier le vœu de la justice.

Je conviens même que *l'innocent* qui se trouve dans des circonstances ordinaires, n'aura rien à craindre, fût-il jugé par les premiers venus, pourvu toutefois que la vérité soit facile à discerner, et qu'ils n'aient contre lui ni prévention ni sentiment de malveillance.

Mais, si l'homme, gémissant sous une accusation injuste, se trouve dans des conjonctures difficiles ; si une fatalité malheureuse réunit sur sa tête toutes les apparences du crime ; si des témoins prévenus ou pervers, obscurcissent son innocence ; si l'opinion publique se prononce contre lui ; si le trouble de ses sens lui a arraché des réponses contradictoires, ou démenties par les déclarations, ah ! dérobez ce malheureux au jugement incertain de vos jurés, et présentez-le à un tribunal où il trouve des juges qui, par leur expérience, leurs habitudes et la connaissance qu'ils ont du cœur humain, sachent sonder cet abîme d'iniquités et de ténèbres, séparer le vrai du faux, l'imposture de la bonne foi, et dont la fermeté reste sourde aux clameurs d'un public prévenu et passionné...... Ils sont endurcis, dites - vous ; oui, ils le sont ; mais c'est contre le crime, contre les sollicitations, les intrigues et le crédit, contre la crainte, les menaces et les rumeurs populaires, contre l'esprit de parti, les considérations personnelles et toutes les inspirations qui n'émanent point de cette douce équité avec laquelle ils aiment à tempérer à propos la rigueur de la loi, et de leur pénible ministère. Responsables à Dieu, à leur conscience, au public, au gouvernement, croyez-vous qu'ils n'envisagent pas comme la plus horrible des calamités la condamnation d'un innocent, et que leur conscience ne leur reprochât pas, même comme un crime, ce qui ne serait que l'effet d'une fatale erreur.

CHAPITRE IV.

De l'impunité.

Ainsi, sous quelque point de vue qu'on considère la propension des jurés à rendre des décisions favorables, elle n'aboutit, en dernière analyse, qu'à favoriser l'impunité. Et n'est-ce pas là un des plus graves inconvéniens? La justice criminelle ne doit-elle s'occuper que du soin de rassurer l'accusé, et de justifier l'innocent? ne doit-elle compter pour rien la vindicte publique et les intérêts de la partie accusatrice, c'est-à-dire, de la société, intéressée à ce que les crimes ne restent pas impunis? parce que, *sans les peines*, dit Bentham, *le monde ne serait plus qu'un théâtre de brigandage, et la société tomberait en dissolution* (1). Arrêtons-nous un moment sur un

____

(1) *Législation civile et criminelle ;* tom. 2, pag. 386.

sujet qui, je crois, n'a jamais été considéré sous toutes ses faces.

Ce n'est pas pour expier le crime, pour venger la société, pour apaiser les mânes des victimes, pour satisfaire la vengeance des offensés, que le législateur a établi des peines, et des magistrats pour les appliquer. L'esprit vindicatif n'entre pour rien dans la confection du Code pénal. De pareilles idées sont indignes de la majesté du législateur : ce n'est pas pour détruire, mais pour conserver, qu'il applique ses soins; et s'il détruit, c'est encore pour conserver. Oui, le Code pénal est un Code *conservateur*. Le supplice d'un meurtrier ne répare rien; mais il épouvante le scélérat prêt à l'imiter, lui fait tomber des mains le fer homicide dont il s'était armé; et le père de famille qui allait périr, est conservé à ses enfans.

En effet, si l'homme pervers, avant de se livrer à une action criminelle, était certain qu'elle lui serait nuisible, et qu'il se verrait obligé, non-seulement d'en restituer le profit illégitime, mais encore de subir inévitablement une peine, à coup sûr, il s'en abstiendrait. Car, quel est l'homme insensé qui voudrait mettre à une loterie dont tous les billets

seraient perdans? Pourquoi donc passe-t-il
outre? C'est parce qu'il a calculé toutes les
chances : il a vu l'impunité accordée à des
délits pareils à celui qu'il médite : il se flatte
du même bonheur; il compte sur l'indulgence de ses juges et sur le crédit de ses
protecteurs; et peu retenu par les faibles risques qu'il entrevoit dans le lointain , il s'a-
bandonne à l'objet présent qu'il convoite, et à
l'espoir qui le séduit.

Il est donc évident que tous les crimes
naissent de l'impunité. Car s'il n'en était aucun qui n'attirât infailliblement à son auteur
un dommage bien plus grand que l'avantage
qu'il se propose d'en retirer, il n'y aurait
bientôt plus de coupables, et l'âge d'or renaî-
trait parmi nous. Mais, sans nous flatter d'un
pareil bonheur, toujours est-il certain que,
moins il y aura de crimes impunis, moins il
s'en commettra. Il n'y a que la crainte des lois
vengeresses qui puisse contenir l'homme sur
qui la religion et la morale ne peuvent rien.
Et cette crainte, comment l'inspirer? Sera-
ce par un papier muet, par une proclama-
tion bientôt oubliée? Non, sans doute : il n'y
a que l'exécution rigoureuse des lois qui
puisse leur imprimer ce caractère qui les

rend chères aux bons et redoutables aux méchans.

A quoi pensent-ils donc ces hommes in-
considérés, qui ne voient dans les lois pénales
que des instrumens de despotisme et de des-
truction ? Puisque les peines ne sont établies
que pour prévenir les crimes, n'est-ce pas en
accroître le débordement que de ne pas leur
opposer des digues ? Epargner le sang de l'assassin, n'est-ce pas dévouer une nouvelle victime? Conserver au voleur le fruit de ses rapines, n'est-ce pas livrer à la rapacité de son
imitateur, la propriété du père de famille ?
On ne peut apercevoir le rapport immédiat
qui lie un crime qui est resté impuni à ceux
qu'il a fait éclore par l'exemple; et c'est ce qui
nous étourdit sur les malheureuses conséquences de l'impunité. Mais si tout-à-coup, les
causes morales nous étaient dévoilées; si les
motifs secrets qui ont rassuré l'homme pervers, et l'ont déterminé au crime, nous étaient
connues, que de reproches, que de remords
viendraient troubler le repos du législateur
imprudent et celui du juge pusillanime! Une
odieuse clarté leur montrerait les effets funestes d'une fatale indulgence : ils verraient
les malheurs, les excès, les attentats qu'ils

auraient pu prévenir par une juste sévérité...
Cependant, ils dorment tranquillement, tandis que, enhardis par l'impunité arrachée à
leur faiblesse, l'assassin aiguise ses poignards
et le brigand rallie sa troupe. (1).

---

(1) Quoiqu'on ne puisse montrer que par la théorie
la chaîne qui lie l'impunité aux crimes dont elle est
la cause, voici cependant des faits que je livre aux
réflexions des partisans de l'indulgence : j'en garantis la certitude.

*Un juif fut chercher, dans une ville voisine, des
sicaires pour assassiner son oncle, afin de prévenir un
testament qui l'aurait déshérité. Les coupables sont
acquittés, et quelque temps après, le même motif arme
la main d'un autre assassin qui ôte la vie à un de ses
parens duquel il lui tardait d'hériter.

Ce crime, qui reste de même impuni, est suivi,
toujours dans la même ville, d'un attentat bien plus
horrible. Un misérable, qui avait été demander l'hos-
pitalité à un de ses parens, l'assassine dans la nuit,
lui, sa domestique, et un enfant de celle-ci, âgé de
six ans, et enlève tout le numéraire du coffre-fort.

Bientôt après, autre assassinat d'un oncle par son
neveu, à qui il avait assuré sa fortune.

Ces deux derniers coupables ayant été punis, rien
de pareil, depuis cette époque, ne s'est plus reproduit
sur ce théâtre ensanglanté.

Une femme, connue par plusieurs vols, est acquit-

Les actes fréquens d'indulgence ont encore cet inconvénient, qu'ils diminuent l'horreur du crime. Une action défendue par la loi, à force de rester impunie, passe pour tolérée, et bientôt même, pour permise : elle ne présente plus le même degré d'immoralité, parce qu'elle suppose que son auteur a cédé à une séduction que n'avait pas affaiblie la crainte de la peine : les juges ont de la répugnance à condamner : s'ils la surmontent, leur sévérité passe pour excessive et révolte les esprits; s'ils faiblissent, le désordre s'en accroît. Alors le législateur, pour arrêter le torrent, prend le parti de compenser l'incertitude de la punition par la rigueur de la peine. Faible barrière! repoussées par l'opinion, les peines trop fortes ne trouvent ni dénonciateurs, ni témoins, ni juges;

---

tée sous les prétextes les plus frivoles. Un an après, elle empoisonne sa bienfaitrice, et meurt en prison, non sans soupçon de s'être délivrée des mains de la justice par le même moyen qui l'y avait conduite.

Dans cette horrible et trop fameuse affaire de Rhodez, il fut reconnu, s'il faut en croire les papiers publics, que Fualdès, étant magistrat, avait sauvé la vie à un de ses assassins, coupable d'infanticide.

s'ils en trouvent, l'humanité gémit. Pour que tout soit concilié, il faut des lois douces et des juges inflexibles. « *Qu'on examine la cause de tous les relâchemens, dit* Montesquieu, *on verra qu'elle vient de l'impunité des crimes, et non de la modération des peines* (1). »

____

(1) *Esprit des lois;* liv. VI, chap. 12.

LIVRE IV.

EXAMEN DES PRINCIPES INVOQUÉS EN FAVEUR DU JURY.

Après avoir exposé les principes qui repoussent le système du jury, il faut que j'examine ceux qui paraissent lui être favorables. La théorie en est brillante ; elle a séduit la moitié de l'Europe ; elle a percé jusqu'en Amérique. Le prestige qu'elle a produit est tel, que les adversaires de cette théorie, éblouis par son éclat, en ont respecté la base, et se sont bornés, jusqu'à présent, à soutenir qu'elle n'est pas applicable aux mœurs françaises, et qu'elle a des inconvéniens insurmontables dans la pratique. Ses partisans, au contraire, ne se sont pas découragés, par les mauvais succès obtenus jusqu'à ce jour, et ils les ont rejetés sur la maladresse des législateurs. Quant à moi, je vais attaquer les principes de cette théorie, en attendant d'en montrer les conséquences.

CHAPITRE PREMIER.

Passage de Voltaire.

Parmi les partisans du jury, on peut, je crois, compter Voltaire, à en juger par le passage suivant :

« C'est une sorte d'esclavage, si l'on peut » s'exprimer ainsi , que d'être soumis sans » cesse à la sentence d'autrui, sans pouvoir » donner la science. » (1)

S'il était question ici d'amour-propre, j'examinerais si la présence d'un juge, qui ne cède ses fonctions à personne, quand il a jugé, a quelque chose de bien humiliant, et de plus humiliant, que la présence des administrateurs, des ministres, de tous les fonctionnaires de l'Etat, qui, quoiqu'ils ne soient pas inamovibles, ne viennent pas dire à leurs voisins, après avoir fait un acte de leur minis-

______

(1) *Histoire du Parlement de Paris ; chap, 8.*

nière; *tenez, mettez-vous à ma place.* Je sais qu'il y a bien des gens qui aimeraient à entendre ce langage, et qui sont tentés de dire à ceux dont l'élévation excite leur envie : *Otez-vous de là que je m'y mette.* Mais on sent qu'un gouvernement n'est pas une lanterne magique, et que le changement fréquent de fonctionnaires ne prouve pas qu'un Etat soit bien gouverné.

Mais il s'agit ici de savoir si le but de l'institution judiciaire, si la liberté ne consiste pas plutôt à être bien jugé qu'à être juge ; et, puisque le meilleur moyen, pour avoir de bonnes-sentences, est de les demander aux personnes qui s'y entendent, c'est-à-dire aux tribunaux permanens, faut-il s'arrêter à une répugnance qui tendrait à abolir toutes les supériorités, même celle qu'avait obtenue le chef des philosophes, qui ne manquait pas de jaloux et d'envieux? Si l'Envie pouvait faire une révolution dans la république des lettres, aussi facilement que dans un Etat, il y a long-temps que les autels élevés aux Muses et aux grands écrivains seraient renversés.

CHAPITRE II.

Passage de Montesquieu.

Je ne sais si Voltaire a voulu, dans ces quatre mots, faire allusion à un passage de l'*Esprit des Lois,* qui a fourni aux promoteurs du jury une si puissante autorité.

« La puissance de juger, dit-il, ne doit pas » être donnée à un sénat permanent, mais » exercée par des personnes tirées du corps » du peuple..... pour former un tribunal, qui » ne dure qu'autant que la nécessité le re- » quiert. De cette façon, la puissance de ju- » ger, si terrible parmi les hommes, n'étant » attachée ni à un certain Etat, ni à une cer- » taine profession, devient, pour ainsi dire, » invisible et nulle. On n'a point continuelle- » ment des juges devant les yeux, et l'on » craint la magistrature et non pas les magis- » trats. » (1)

Je pourrais répondre que cette distinction

----

(1) *Esprit des lois;* liv. xi, chap. 6.

entre la magistrature et le magistrat est bien
subtile ; que j'aime encore mieux savoir à qui
j'aurai à faire, quand j'aurai un procès, que
d'avoir à craindre, dans tous les iguorans et
dans tous les méchans que je rencontre, des
hommes qui peuvent un jour devenir mes
juges ; que l'injustice, de quelque main qu'elle
vienne, n'est pas moins une injustice ; et que,
si elle est moins à craindre dans un corps ap-
parent de magistrats, que dans *une magistrature invisible*, il n'y a pas à balancer.

Mais je préfère m'attacher à l'esprit qui
a dicté à ce grand écrivain ce joli morceau,
et rechercher dans les principes qu'il a
professés, le sens de l'opinion qu'on nous oppose.

Ce passage se trouve dans le chapitre, où
il relève les avantages du gouvernement anglais, dont il était le grand admirateur.
Ne voyant dans cet état ni rangs intermé-
diaires, ni ces grands corps de magistrature, qu'il regardait comme les élémens du
gouvernement monarchique, il rend compte
de cette lacune, et montre que les Anglais ont
suppléé à ce qui leur manque, par une forme
de jugement indépendante de l'autorité royale.
Il dit, quelque part, que les Anglais ont bien

(118)

raison d'être attachés à leurs usages; car, dit-
il, s'ils venaient à les perdre, ils se verraient
à la merci du despotisme, faute d'autre barrière (1). On sait que Montesquieu s'est encore plus attaché à rechercher les motifs des
lois qu'à en tracer les principes, à rendre raison de ce qui est, que de ce qui doit être. On
connaît son enthousiasme pour la magistrature permanente, inamovible, héréditaire,
dans laquelle il occupait un rang distingué;
et loin de lui prêter l'idée d'avoir donné l'institution judiciaire des Anglais comme un
modèle bon pour son pays, il conseille, pour
les monarchies, une manière toute différente.
« *Dans les monarchies*, dit-il, les juges
» prennent la manière des arbitres; ils déli-
» bèrent ensemble; ils se communiquent leurs
» pensées; ils se concilient; on modifie son
» avis, pour le rendre conforme à celui d'un
» autre; les avis les moins nombreux sont rap-
» pelés aux deux plus grands. » (2)

Ainsi, qu'on ne donne pas l'opinion de ce
célèbre publiciste comme une preuve de la

____

(1) *Esprit des lois;* liv. xi, chap. 4.
(2) Liv. vi, chap. 4.

préférence qu'il donnait à la forme du jury établie en Angleterre.

Venons aux autres motifs donnés par les législateurs français.

CHAPITRE III.

Rapport de M. Bergasse.

M. Bergasse fut le premier qui, à l'Assemblée constituante, proposa, au nom du comité de constitution, un projet d'ordre judiciaire dans lequel le concours des pairs formait la base de l'instruction criminelle. Voici les raisons qu'il donna de son projet(1).

« Parce qu'il est, dit-il, dans le cœur de
» celui qui dispose de quelque puissance,
» d'aimer à en faire usage, il faut, autant qu'il
» est possible, ne pas mettre le juge dans une
» position où il soit le maître de multiplier à
» son gré les occasions d'exercer son minis-
» tère. Cet inconvénient, qui laisse une si
» grande activité aux passions particulières,

____

(1) *Rapport du comité de constitution;* pag. 26.

» cesse absolument, si, semblable au glaive,
» qui ne peut frapper qu'autant qu'il est mû
» par une force étrangère, le juge ne peut dé-
» ployer l'autorité de la loi, qu'autant qu'il
» est déterminé par une décision qui n'est pas
» son ouvrage. »

Ce raisonnement peut être brillant; mais est-il solide? C'est ce qu'il faut examiner.

Quand un juge doit décider si tel fait est vrai ou faux, il va, sans doute, faire un acte de son ministère : mais l'intérêt de son autorité n'est pour rien dans l'opération dont il est occupé : qu'il prononce une affirmative ou une négative, son pouvoir est le même dans l'un comme dans l'autre cas; il a fait un acte de son ministère. Comment donc peut-on dire qu'en lui laissant la décision du fait, on le rende *maître de multiplier à son gré les occasions d'exercer son ministère?* Au lieu d'avancer que *cet incorvénient cesse* dans son système, M. Bergasse devait prouver qu'il existe dans le système contraire, et qu'il est libre à des magistrats chargés de l'examen des faits, de *multiplier* les actes, selon leur fantaisie; et c'est ce qu'il a négligé de prouver. Tout le monde sait que c'est seulement pendant l'instruction que le

juge peut se donner le plaisir dont M. Bergasse craint les effets, et se complaire dans
la multiplication de ses actes. Mais, quand
il juge au fond, tout va être fini, il n'a plus qu'un
mot à prononcer. Si M. Bergasse avait été conséquent, il aurait dû interdire aux juges, non
le *jugement* sur le fait, mais la *procédure*
préparatoire, seule susceptible d'un grand
nombre d'actes.

Mais est-ce que M. Bergasse aurait voulu
faire entendre que le juge *ne peut déployer
l'autorité de la loi*, que lorsque l'accusation
est admise, pour en conclure que le juge a
intérêt à trouver l'accusation fondée? Eh, quoi!
l'autorité de la loi n'est-elle pas aussi bien dé-
ployée, lorsque l'accusé est absous, que lorsqu'il est condamné? N'est-ce pas au nom de la
loi et par ordre de ses ministres, que les fers se
brisent, que les prisons s'ouvrent, que l'accusé
est rendu à la vie, à la société? Est-ce donc là
ne faire aucun usage de la puissance judiciaire? N'est-on juge que lorsqu'on punit?
N'y a-t-il de véritable jouissance pour le magistrat, que lorsqu'il voit le sang humain
versé par son ordre? Affreuse idée! horrible
calomnie! Quoi! délivrer un malheureux de
l'oppression, serait un acte non-seulement in-

différent, mais même pénible à l'amour-propre! un arrêt de mort serait plus agréable à prononcer qu'un arrêt de vie! Non : la Divinité, en créant l'homme, ne lui a pas donné un cœur barbare ; l'humanité fut le premier sentiment qu'elle versa dans son âme; et si l'être qui juge son semblable, avait à se méfier de quelque sentiment secret, ce serait plutôt de cette pitié qui l'identifie avec les malheureux, et qui le porte, par un instinct involontaire, à alléger le poids de leurs infortunes.

Les faiseurs de projets qui succédèrent à M. Bergasse, le laissèrent bien loin. On ne voulait plus qu'une ombre de magistrature. Il fut question d'établir le jury au civil comme au criminel. On supprima, non l'appel, mais les tribunaux d'appel. Le barreau fut fermé. Les juges ne furent nommés que pour six ans : ils pouvaient être pris dans toutes les classes; nulle épreuve, nulle étude, nul apprentissage; l'on finit par forcer les parties à se passer de juges, et à recourir à des arbitres forcés. Ces belles inventions furent adoptées successivement, et partaient toutes du principe que *tout ce que le peuple accorde de pouvoir, est un retranchement fait à sa liberté :* comme s'il ne se faisait rien de bien que ce que le peuple fait, et qu'il ne fût véritablement libre, que lorsqu'il gouverne.

CHAPITRE IV.

Opinion de M. Adrien Duport.

Celui qui, dans cette foule de novateurs, se distingua le plus par la hardiesse des paradoxes, par la subtilité des sophismes, par la métaphysique des abstractions, par le coloris du style, ce fut M. Adrien Duport, ancien conseiller au parlement de Paris. Il dénonça dés abus auxquels une méthode vicieuse l'avait obligé, disait-il, de prendre part luimême, nous ouvrit les portes du sanctuaire, nous initia dans le secret des délibérations, et, en décomposant le mécanisme avec lequel les suffrages avaient été recueillis jusqu'alors, il s'attacha à prouver, par une théorie hardie, et par des hypothèses insidieuses, que la confusion du fait avec le droit, expose les juges à rendre des jugemens, à la minorité des voix; que, pour obvier à ce grave inconvénient, il fallait, au civil comme au criminel, des jurés qui décidassent les questions de fait, et des juges pour prononcer sur les questions de droit. Il nous fit trembler, lorsqu'il nous annonça que, par l'effet de la méthode contraire, *plusieurs arrêts de mort avaient dû être prononcés à la minorité des voix.*

Quelle grande et quelle utile découverte pour l'humanité! quel généreux et quelle sublime dévouement de l'adepte! quel reconnaissance ne mérite-t-il pas, s'il nous a dévoilé les mystères superstitieux des faux dieux, et les sacrifices humains que leur offraient leurs ministres! mais quelle profanation sacrilége! quelle horrible trahison! s'il a livré à un examen artificieux, à la dérision et à la haine des impies, les rites sacrés du vrai culte!

Pour en juger, écoutons ce prédicateur d'une nouvelle doctrine.

« Je pars, dit-il, de la supposition que les » jugemens doivent toujours être pris à la ma-» jorité des suffrages; et je dis que, lorsqu'on » va aux voix, sans que le fait soit constaté, il » est commun que celui qui a la majorité en » sa faveur, perde son procès. En effet, chaque » juge, en donnant son avis, peut être déter-» miné, soit par la vérité des allégations, c'est-» à-dire par le fait, soit par la force des prin-» cipes, c'est-à-dire par la loi. Un certain

» nombre de juges peut être déterminé par la
» première de ces considérations; les autres
» par la seconde; et cependant, lors de la col-
» lecte des voix, ils sont obligés de se réunir
» à deux avis, sans quoi la majorité relative,
» ou la minorité réelle déciderait les ques-
» tions. Alors le juge qui croit le fait sûr et la
» loi douteuse, et celui qui croit la loi claire
» et le fait douteux, sont comptés ensemble
» pour la même opinion, quoique différens
» d'avis du blanc au noir; et le plaideur qui a
» eu en sa faveur la majorité sur le fait et la
» majorité sur le droit, perd son procès. »

Il est évident que M. Duport prend ici
le change, et qu'il confond l'opinion du
juge avec les motifs qui l'ont déterminée.
Entre plusieurs juges qui pensent que tel
doit gagner son procès, il ne peut y avoir
qu'une opinion, quoiqu'ils soient déterminés
par des considérations différentes.

Mais ne nous pressons pas. Développons le
système de notre adversaire par les exemples
qu'il nous fournit lui-même, et nous verrons
si le danger dont il parle, existe en effet, et
quelle influence il pourrait avoir dans les matières criminelles.

Voici son premier exemple : « Pierre,
» dit - il , veut se soustraire au paiement
» de créances dues par son grand-père ses
» moyens pour cela sont de dire : 1° que
» son père a renoncé à la succession de son
» grand-père; ensuite que les créances de-
» mandées ne sont pas légitimes. Paul, au
» contraire, prétend et qu'il n'y a pas eu de
» renonciation, et que les créances sont légi-
» times. Voilà deux questions, l'une de fait et
» l'autre de droit. Maintenant il faut savoir
» qu'excepté sur les nullités et les fins de
» non-recevoir, il est défendu aux juges d'o-
» piner par moyens, et qu'ils doivent donner
» avis sur les conclusions des parties, les-
» quelles sont toujours tendantes en général à
» adjuger la demande ou à la rejeter (1) ».

Pourquoi M. Duport veut-il changer le
mode établi? Pourquoi veut-il qu'au lieu de
prononcer *sur les conclusions*, on *opine
par moyens ?* Opiner par moyens, ce n'est
pas juger, c'est donner ses motifs; car les
moyens ne sont autre chose que des motifs.

---

(1) *Principes et plan sur l'établissement de l'ordre judiciaire;* par M. DUPORT, député de Paris;
pag. 15.

Prononcer sur les conclusions, c'est au contraire, juger le procès. Nous verrons quel est le meilleur de ces deux modes. Sachons où M. Duport veut en venir.

« Il y a douze juges, ajoute-t-il ; sept sont » d'avis qu'il n'y a pas eu de renonciation ; » mais de ces sept, quatre pensent que les » créances ne sont pas légitimes : les cinq au » tres pensent que les créances sont légitimes, » mais qu'il y a eu renonciation. *Paul* avait » donc en sa faveur sur la question de fait » sept juges contre cinq ; il avait sur la ques » tion de droit huit juges contre quatre : l'on » prend les voix ; les quatre juges qui pensent » que les créances ne sont pas légitimes, mais » qu'il n'y a pas eu de renonciation, et les » cinq qui pensent que les créances sont lé » gitimes, mais qu'il y a renonciation, sont » comptés ensemble ; *Paul* perd son procès » avec une majorité de neuf voix contre trois. »

J'ai dû rapporter cet exemple, quoique pris en matière civile, pour ne pas perdre de vue le fil des idées de l'auteur, et pour saisir le point de contact qui touche aux matières criminelles.

Il suppose de suite un exemple tiré du petit criminel. Le voici « *Pierre* se plaint de

» termes injurieux proférés contre lui par
» *Paul*. Il en apporte la preuve ; ou bien cette
» preuve aura été ordonnée par les premiers
» juges : il y a quinze juges : sur ces quinze,
» neuf sont d'avis que la preuve est concluante;
» mais sur ces neuf, cinq pensent que les
» termes n'expriment pas une véritable injure ;
» les six autres juges trouvent les termes in-
» jurieux, mais qu'il n'est pas prouvé qu'ils
» aient été dits. *Pierre* avait donc pour lui
» sur le fait, neuf juges contre six, sur le droit,
» dix juges contre cinq : cependant les cinq
» qui ne voient pas d'injure, quoiqu'ils voient
» la preuve, et les six qui voient l'injure et
» non la preuve, sont comptés ensemble :
» cela fait onze contre quatre; il perd son
» procès. »

Ici commence à se faire apercevoir la faiblesse de ce système. Car l'on voit que, dans
le second cas, *Paul*, qui est le prévenu, n'est
point condamné. Or, en supposant qu'il eût
gagné son procès avec une minorité de onze
voix contre quatre, il ne s'ensuivrait autre
chose qu'un avantage obtenu par l'accusé sur
son dénonciateur; ce qui est bien loin d'être
un inconvénient, puisque les législateurs les
plus sévères ont exigé, pour une condamnation

criminelle, une prépondérance au moins de deux voix ; et c'est ce que l'auteur a déguisé adroitement, ainsi qu'on va le voir dans le troisième exemple, où il fait tous ses efforts pour éluder cette conséquence, afin de faire perdre de vue l'état de la question, en confondant le criminel avec le civil, et afin de nous persuader que *tous les arrêts de mort ont pu être rendus à la minorité des voix, et qu'un grand nombre l'a été certainement.* Suivons-le pas à pas pour saisir le moment où il s'égare.

« Un homme, dit-il, est accusé de vol avec
» effraction. Il y a dix-huit juges ; sept sont
» d'avis qu'il n'y a pas de preuve ; six autres
» qu'il y a preuve et qu'il doit être envoyé aux
» galères à perpétuité, ou, suivant la loi, *con-*
» *damné à être pendu.* Les cinq autres voient
» la preuve du délit, mais, ne voyant pas celle
» des circonstances aggravantes, ils concluent
» au bannissement, ou à une peine moins
» forte. Ces derniers, étant en plus petit
» nombre, sont obligés de se ranger à l'un des
» deux autres avis. »

Eh bien ! ils se rangeront à l'avis des sept premiers qui ne voient pas de preuve ; ou ceux-ci devant préférer, à défaut de leur

avis, celui des deux autres, qui s'en rapproche le plus, adopteront l'opinion intermédiaire et modificative des cinq derniers
qui ne voient qu'un vol simple : mais jamais
aucun de ceux qui sont pour l'acquittement,
ni de ceux qui n'aperçoivent qu'un délit cor-
rectionnel, ne se résoudra à voter pour la
mort ou pour les galères perpétuelles. Il est
même à croire que, parmi ceux qui ont été le
plus sévères, il y en aura qui se détacheront
de leur opinion et qui viendront se joindre
à l'un des deux autres avis, pour former la
majorité ; et si tous persistent dans leurs opinions, il faudra bien que les plus sévères se
relâchent : car c'est toujours *l'avis le plus
doux*, et non le plus faible en voix, comme
l'avance notre adversaire, qui doit l'emporter
d'après l'article 12 du titre 25 de l'ordonnance
de 1670 (1) ; ou bien si l'entêtement fait taire la

---

(1) Voici les termes de la loi : « Les jugemens, soit
» définitifs, ou d'instruction, passeront à l'avis *le plus
» doux*, si le sévère ne prévaut de deux voix, dans les
» procès qui se jugent en dernier ressort. » M. Duport
passe sous silence cette loi, pour appliquer aux affaires criminelles, les anciennes ordonnances qui veulent qu'*au civil*, lorsqu'il y a trois ou plusieurs
opinions, les avis les plus faibles en voix, se rangent

régle, on comptera les voix, et voici le résultat : pour l'acquittement sept; pour la
mort ou les galères perpétuelles six ; pour
une peine correctionnelle, cinq d'un côté et
six de l'autre : car ceux qui sont persuadés
qu'il y a vol avec effraction, pensent à plus
forte raison qu'il y a vol simple, le moins
étant contenu dans le plus. Il y a donc une
majorité de onze voix contre sept, pour une
peine correctionnelle. Voilà le dénouement
le plus sévère qu'on puisse craindre d'un
pareil partage de voix, dont le résultat n'est
au reste qu'une supposition que la loi avait
sagement écartée, en donnant la prépondérance à l'avis le plus doux.

Mais, M. Duport, qui veut qu'on voie
les choses en noir, raisonne bien différemment. « Alors, dit-il, l'accusé est livré au
» caractère et au tempérament des juges : s'ils
» sont durs et sévères, ils se joindront à ceux
» qui prononcent une peine sévère, plutôt
» que de voir relâcher l'accusé ; s'ils sont doux
» et humains, ils préféreront de n'y pas voir

---

nécessairement à l'une des autres opinions. *Ordonnances* de 1510, art. 32; de 1535, chap. 1, art. 87;
édit rendu en février 1785.

» la preuve. Ce parti est préférable, sans doute,
» et plus ordinaire; mais dans l'un comme
» dans l'autre cas, l'accusé est injustement
» condamné ou injustement absout. »

Que l'absolution soit le résultat d'un pareil
combat d'opinion, c'est ce qui arrivera souvent, et ce qui ne peut être regardé comme
un mal, lorsque la culpabilité présente des
doutes. Mais, qu'un accusé, reconnu innocent par la majorité, ou seulement punissable d'une peine légère, soit sacrifié *au caractère et au tempérament des juges,*
c'est ce qu'on n'a jamais vu, c'est ce qu'on
ne verra jamais, et c'est ce qu'on ne peut
supposer de bonne foi.

CHAPITRE V.

Conséquence de l'opinon de M. Duport.

QUE peut-on conclure d'ailleurs de cette
dernière hypothèse? Les mêmes débats qu'on
nous représente dans un tribunal ne peuvent-
ils pas s'élever dans une assemblée de jurés?
Qu'on suppose la même accusation d'un vol
caractérisé : les uns tiendront pour une dé-

claration négative, les autres pour la déclaration d'un vol avec effraction, ceux-ci pour un vol sans circonstances aggravantes : ne faudra-t-il pas de même qu'ils se rapprochent, qu'ils se concilient, que les uns cèdent, que les autres tiennent bon ; et, si on doit craindre l'amour-propre, *le caractère et le tempérament doux et sévère des juges,* pourquoi n'avoir pas la même appréhension avec les jurés ?

Où sont donc ces arrêts de mort qui ont dû être certainement rendus à la minorité des voix ? De ce que, dans une cause civile, le demandeur, qui a pour lui la majorité, peut, par la confusion du fait avec le droit, perdre son procès, ce que je n'ai pas intérêt de contester, s'ensuit-il qu'au criminel un accusé puisse être condamné à la minorité des voix ? C'est précisément le contraire ; car l'accusé est le véritable défendeur, et profite de toutes les chances que la défense donne au civil ; et si le défendeur gagne son procès avec une minorité de voix, ainsi que le suppose l'adversaire, l'accusé doit de même gagner le sien avec cette minorité. *Si ces abus sont fâcheux dans les affaires civiles,* peut-on conclure qu'ils *soient intolérables* dans les affaires criminelles? C'est ce que je nie; c'est ce qui est impossible, et en voici une nouvelle démonstration.

Reprenons le premier exemple qui ne peut être suspect, puisque nous le tenons de notre adversaire même. Faisons les mêmes calculs, les mêmes combinaisons : seulement, au lieu de *Pierre défendeur,* mettons *Pierre accusé ;* au lieu de *Paul demandeur,* supposons *Paul partie civile* ou publique, et au lieu de questions de droit civil, posons des questions criminelles. Les rôles restent les mêmes de part et d'autre : car, comme je l'ai observé, l'accusé est au criminel ce que le défendeur est au civil.

Pierre donc *veut se soustraire* à la condamnation qui le menace; *ses moyens pour cela sont de dire,* 1° que le fait de l'accusation n'est pas prouvé; 2° qu'il n'est pas défendu par la loi. *Voilà bien deux questions, l'une de fait et l'autre de droit : Paul,* qui est l'accusateur, *prétend au contraire* que le fait est prouvé, et qu'il est défendu par la loi. *Il y a douze juges : sept sont d'avis* que le fait est prouvé; *mais de ces sept, quatre pensent* que le fait n'est pas défendu par la loi, et trois, qu'il est défendu. *Les cinq autres juges pensent que le fait est défendu par la loi , mais qu'il n'est pas prouvé. Paul avait donc en sa faveur sur la question de fait, sept juges contre cinq, et sur la question de droit , huit juges contre quatre : l'on prend les voix ; les quatre juges qui pensent que le fait n'est point* défendu par la loi, mais qu'il est prouvé, *et les cinq qui pensent* que le fait est défendu par la loi, mais qu'il n'est pas prouvé, *sont comptés ensemble ; Paul perd son procès avec une majorité de neuf contre trois,* c'est-à-dire que *Pierre* est absout quoiqu'il n'ait pour lui que trois voix contre neuf.

A quoi aboutissent donc ces *abus into-lérables* dont on veut nous effrayer? A rien autre chose qu'à donner à l'accusé une chance plus favorable qu'à l'accusateur, à tourner à son avantage la dissidence des opinions, et, dans un cas embarrassant, à le faire acquitter à la minorité des suffrages.

. *Un jugement rendu à la minorité des voix !* Quoique la chose n'ait rien de bien effrayant, lorsqu'elle tourne à l'avantage de l'accusé , cependant, pour l'honneur de la raison humaine, je veux dissiper cette espèce de fantôme sorti du cerveau de M. Duport, et prouver que, même dans le cas qu'il propose, il n'a raisonné que sur une minorité factice, et que dans le fond, *Pierre* a eu une majorité réelle.

En effet, les cinq juges qui pensent que le fait n'est pas prouvé, n'ont plus d'avis à donner : là où il n'y a point de fait, il n'y a point de crime à punir, et leurs voix sont acquises irrévocablement à l'accusé. Les quatre juges qui pensent que le fait imputé n'est pas criminel, en rechercheraient vainement l'existence ; ils sont de même pour l'accusé. *Pierre* a par conséquent en sa faveur une majorité réunie de neuf voix contre trois.

Et cela ne se pratique pas autrement dans toute assemblée judiciaire, quelles que soient les questions discutées, civiles ou criminelles. Toutes les fois qu'une partie fait valoir plusieurs exceptions, *dont une seule, si elle est fondée, lui donne gain de cause,* et que par cette raison on appelle *péremptoire*, du moment qu'un des juges en a admis une, son suffrage est acquis à cette partie, quelle que soit l'opinion particulière du juge sur les autres exceptions.

Séparez au contraire les questions dans l'hypothèse qui nous a servi d'exemple ; for-

mez deux assemblées, chacune de douze
membres ; déférez (supposons une accusation) à l'une la question de fait et à l'autre
celle de droit. Si tous sont organisés de la
même manière que les douze juges dont nous
avons parlé, s'ils ont les mêmes opinions, et
ne diffèrent entre eux que dans les propor-
tions rapportées, l'accusé est perdu. Car, il
aura contre lui, dans la première assemblée,
sept juges qui reconnaissent le fait pour
constant, et dans le second, huit juges qui
le réputent criminel, sans qu'il puisse
profiter des opinions favorables qui, dans
l'une de ces assemblées, se sont manifestées
en sa faveur sur le fait, et, dans l'autre, sur
le droit. Ne suis-je donc pas plus fondé à dire
qu'en séparant la question du fait de celle du
droit, on expose un accusé à subir une condamnation contre la majorité des votes?

CHAPITRE VI.

*Suite du chapitre précédent. Du système
divisoire.*

Ce qui arrive dans un jugement formé
par deux assemblées distinctes, se reproduira
également, si l'affaire, portée à un seul tribunal,

reçoit deux jugemens séparés , l'un sur le fait
et l'autre sur le droit. Car, en prenant toujours le même exemple de douze juges , et
raisonnant d'après les opinions que nous leur
connaissons, on verra , par le calcul qu'il est
facile à faire , que si on divise la question et
le jugement, l'accusé sera déclaré l'auteur
du fait par sept voix, et punissable par huit.
La raison en est que les deux questions ayant
été résolues contre l'accusé, chacune, par une
déclaration à part , les votes favorables qui
ont été émis séparément sur chacune des
questions , ne peuvent plus s'additionner ensemble ; les deux minorités ne peuvent plus
se joindre, et l'accusé est condamné, quoique reconnu non - coupable par neuf juges
contre trois; à moins qu'un des opinans qui
ont été favorables sur le droit, et contraires
sur le fait , ou un de ceux qui ont été favorables sur le fait, et contraires sur le droit,
ne s'indigne de voir le funeste résultat que
va produire un mode aussi vicieux, et ne
prenne le parti de sacrifier son opinion à la
justice, en déclarant, par un mensonge ré-
parateur, le premier, qu'il croit le fait non
prouvé, et le second , qu'il ne le croit pas
criminel.

Au resté, les résultats différens que j'ai montrés être le produit du système divisoire, se reproduiront toutes les fois qu'il se présentera, soit au civil, soit au criminel, plusieurs questions, *dont une seule résolue affirmativement ou négativement, décide le procès ;* qu'elles soient de droit ou de fait, ou mélangées des deux espèces. On peut multiplier les exemples pour s'en convaincre : si l'auteur que je combats, a choisi une hypothèse où il y a une question de fait et une de droit, c'a été pour nous amener à son système divisoire. Mais tout autre exemple aurait présenté les mêmes disparates, et l'on peut regarder comme un principe certain, que chaque fois que plusieurs *exceptions péremptoires* seront opposées, n'importe en quel nombre et en quelle espèce, à la demande ou à l'accusation, il y aura, si on les divise, une toute autre majorité que si on les cumule, et toujours au préjudice du défendeur ou de l'accusé, dans le premier cas, et à son avantage dans le second (1).

---

(1) Il faut remarquer que les moyens *péremptoires* ne peuvent jamais appartenir au demandeur, ou à la partie accusatrice ; et qu'ils sont le domaine des dé-

Je puis supposer une double hypothèse, qui fasse ressortir cette grande vérité, par des résultats encore plus étonnans que ceux que nous avons vus.

Un défendeur oppose 1° qu'il a payé, 2° que la dette est prescrite ; et un accusé, 1° qu'il n'est pas l'auteur du fait, 2° que ce fait est

----

.fendeurs et des accusés : et c'est pour cela qu'on les appelle *exceptions*, paree que ces moyens sont opposés à la demande. Ainsi, par exemple, un légataire qui poursuit le paiement de son legs, doit prouver tout à la fois que le testament est valable, qu'il n'a pas été révoqué, et qu'il est *personne capable* de recevoir ; tandis que l'héritier qui se défend, n'a, pour être dispensé de payer, qu'à établir, ou la nullité du testament, ou sa révocation, ou l'incapacité du légataire. Il en est de même d'une accusation : La partie poursuivante a trois tâches à remplir. Il faut qu'elle constate 1° l'existence du fait ; 2° que l'accusé en est l'auteur ; 3° que le fait est criminel ; tandis qu'il suffit à l'accusé de détruire une seule de ces trois propositions. Tout le système de M. Duport tend à priver l'accusé de l'avantage de cette position, et, au lieu d'un seul procès, à lui en faire essuyer trois, dans lesquels les voix qu'il a obtenues dans l'un ne peuvent lui servir dans l'autre. Il y a des théories qui ne peuvent être combattues que par l'expérience ; mais pour celle-ci, on peut bien dire qu'elle est mathématiquement fausse.

légitime, ou, ce qui est la même chose, qu'il n'est pas défendu par la loi. L'une de ces affaires est portée à un tribunal civil, et l'autre à un tribunal criminel.

Chacun de ces tribunaux est composé de douze juges : six pensent, sur le procès civil, que le défendeur a payé, mais que la dette n'est pas prescrite ; et, sur le procès criminel, que l'accusé n'est point l'auteur du fait, mais que ce fait est illégitime. Les six autres juges pensent tout différemment ; c'est-à-dire, sur la demande, que le défendeur n'a pas payé, mais que la dette est prescrite ; et, sur l'accusation, que l'accusé est l'auteur du fait, mais que ce fait est légitime.

Si chacun de ces deux procès est jugé dans une seule délibération, et sans le concours d'aucune autre autorité, le défendeur et l'accusé, ont pour eux l'*unanimité*; parce que, dans la collecte des votes, les six juges qui, au civil, reconnaissent que le paiement a été fait, et qui rejettent la prescription ; et les six qui, au criminel, rejettent les faits, et en reconnaissent l'illégitimité, réunissent leurs voix, en faveur du défendeur ou de l'accusé, à celles des six autres juges qui, dans la cause civile, pensent que le paiement n'a pas eu lieu, mais que la prescription est acquise; et, dans la cause criminelle, que l'accusé est l'auteur du fait, mais qu'il a agi légitimement.

Si au contraire on juge chaque question par un jugement à part, il y a *partage*, c'est-à-dire, égalité de voix pour chaque résolution; puisque le paiement comme la prescription, le fait comme la criminalité, ne sont reconnus que par six voix.

Si deux voix de plus seulement se fussent déclarées contre l'accusé, l'une sur le fait, et l'autre sur le droit, l'accusé était condamné, dans un jugement divisé en deux délibérations, à la majorité de sept voix contre cinq; tandis qu'il aurait été acquitté à la majorité de dix voix contre deux, par des juges cumulant le droit et le fait : le compte est facile à faire (1).

La cause de cette notable différence pro-

––––––––––––––––––––––––––––––

(1) Voici ce compte :

N° 1. Cinq juges pensent que le fait est criminel, mais qu'il n'est pas prouvé.

N° 2. Cinq que le fait est prouvé, mais qu'il n'est pas criminel.

N° 3. Deux que le fait est criminel, et qu'il est prouvé.

vient, ainsi que je l'ai déjà fait observer, de ce que chaque exception étant décisive, indépendamment l'une de l'autre, et formant par la division un procès à part, la voix du juge qui rejette une exception et admet l'autre, est irrévocablement acquise au défendeur ou à l'accusé, dans une délibération où on prononce sur tous les moyens à la fois; parce que le juge

---

En divisant, on trouve contre l'accusé, sur le fait :

Les cinq juges qui sont indiqués sous le N° 1 5

Les deux indiqués sous le N° 3 2

Total des voix contre l'accusé, sur le fait. . . 7

Sur le droit, on trouve contre l'accusé :

Les cinq juges indiqués sous le N° 2 5

Les deux indiqués sous le N° 3 2

Total des voix contre l'accusé, sur le droit. . . 7

IL EST CONDAMNÉ.

En cumulant, on trouve au contraire pour l'accusé :

Les cinq juges indiqués sous le N° 1 5

Les cinq indiqués sous le N° 2 5

Total des voix pour l'accusé 10

IL EST ACQUITTÉ.

qui pense, par exemple, que la dette est payée, mais que la prescription n'est pas acquise, ou, que l'accusé est l'auteur du fait, mais que ce fait n'est pas criminel, ne peut éviter de voter contre la demande ou contre l'accusation. Mais, si on rend un jugement sur chaque moyen, l'opinion de ce juge sur le droit, si elle a été écartée par la majorité, dans une première délibération, ne peut plus être comptée, pour le défendeur ou l'accusé, dans la seconde; tandis qu'on compte contre lui la partie de cette opinion qui lui est contraire : de sorte que les opinions des autres juges éprouvant la même décomposition, les deux minorités favorables sur chaque question restent isolées : on est tout étonné de voir sortir un jugement contre le vœu de la majorité : cette majorité a beau trouver en masse la demande ou l'accusation injuste, on est lié par un premier jugement; le juge, qui était d'avis d'absoudre dans la précédente délibération, n'est plus compté pour l'accusé dans la dernière : il n'y a pas moyen d'y revenir; il faut condamner. (1)

____

(1) Heureusement cette manie de vouloir tout diviser, et de réduire les procès à des élémens imper-

Si M. Duport, et ceux qui ont adopté son système, avaient été conséquens, il aurait

---

ceptibles, reçut, par le code de brumaire, une modification qui rapprochait du système cumulatif, cette divisibilité de questions. Un juré qui avait fait une déclaration négative sur la première ou la seconde question, était censé en donner une pareille sur les subséquentes. S'il pensait que l'accusé n'était pas l'auteur du vol, la loi opinait pour lui sur la question des circonstances aggravantes, quoique bien étrangère à la personnalité, et son premier suffrage, s'il était rejeté par la majorité, se reproduisait, par une fiction de droit, à chaque délibération suivante, et, s'unissant aux autres voix favorables, produisait enfin, avec cette addition, la majorité sur les questions accessoires. Sans ce correctif, qui est en opposition avec le système de la divisibilité, on aurait vu des déclarations monstrueuses. Tous les inconvéniens que j'ai relevés dans le système divisoire, auraient augmenté la confusion, et ce qu'il y a de pis, des accusés réputés innocens par une majorité réelle, auraient été déclarés coupables par une majorité apparente.

Le nouveau Code d'instruction criminelle a mieux fait encore : il a réduit toutes ces questions interminables à une seule : unique moyen de connaître le vœu des jurés, et de tarir la source de ces réponses absurdes et contradictoires qui sont sorties de cette divisibilité élémentaire. Mais si cette complexité, reconnue nécessaire, a remédié à quelques inconvéniens,

10

fallu qu'ils proposassent non-seulement deux corps délibérans, pour décider deux questions, mais trois pour en décider trois, quatre, si tel en avait été le nombre, et ainsi de suite jusqu'à l'infini. Que dis-je? pour arriver à cette simplicité élémentaire qui devait nous garantir de toute erreur, il aurait fallu diviser chaque corps délibérant en autant de sections qu'il peut se présenter de motifs pour admettre ou rejeter chaque moyen péremptoire ; car les inconvéniens que les partisans de la division reprochent au système cumulatif, se reproduiraient également, s'ils étaient réels, dans toute délibération où les motifs de résoudre une question seraient complexes, et

elle en a produit d'autres, ainsi que nous le verrons dans la suite.

Dans tous les cas, reste le vice qui est inhérent à la division du fait et du droit. Si j'ai su me faire comprendre, on doit reconnaître qu'il n'y a pas plus de raison de laisser subsister cette séparation, que celle qui a été modifiée; qu'elle est aussi contraire à l'accusé que la réunion lui est utile, et qu'elle le prive de pouvoir joindre aux opinions favorables, données sur le fait, celles qu'il peut obtenir sur le droit, et *vice versa.*

je puis assurer qu'il n'y a pas de question entièrement simple.

Ah ! si M. Duport croyait avoir découvert
la cause de nos erreurs judiciaires, s'il n'avait
pas d'autre moyen à proposer pour en tarir
la source, s'il avait surpris en défaut la raison
humaine, il devait, pour le repos de nos
consciences, l'honneur des tribunaux et la
tranquillité des justiciables, il devait enfouir,
dans le plus profond des abîmes, une vérité
aussi funeste, aussi désolante, et se contenter
de gémir en secret, puisque le mal serait irré-
médiable, sur l'imperfection de notre intelligence, et de la mesure incomplète que la
Divinité aurait donnée aux hommes, pour juger des objets confiés à leur examen.

Mais, quand on a bien médité sur ce système, on reconnaît que l'auteur a vu des erreurs là où est la vérité, des inconvéniens là
où se trouvent des avantages, de la complication là où règne la plus belle simplicité, et
que tous les argumens avec lesquels il attaque
l'ancien système délibératif, doivent être re-
torqués contre celui qu'il a proposé, et contre
toutes les conséquences de ses paradoxes.

LIVRE V.

DE LA JUSTICE CRIMINELLE CHEZ QUELQUES PEUPLES.

Jusqu'a présent, j'ai fait parler les principes, et j'ai réfuté des sophismes. Mais cela ne suffit pas : j'ai des exemples réels, et non hypothétiques, des expériences et des faits à apprécier ; et, après avoir attaqué le système divisoire par l'analyse, je dois en considérer les conséquences dans l'application.

Parcourons les différentes législations qui ont fourni des argumens à nos adversaires, et voyons ce que nous devons en penser.

CHAPITRE PREMIER.

De la Législation anglaise.

L'exemple de l'Angleterre, comme étant le plus connu, a séduit le plus de monde ; et il faut avouer qu'on ne pouvait trouver un préjugé plus favorable. Une nation aussi célèbre par son Gouvernement, aurait-elle adopté des lois défectueuses par leur nature, incompatibles avec l'ordre public, avec le respect des personnes et des propriétés?

Mais si cette institution n'avait, en Angleterre, qu'une bonté relative; si les motifs. pour lesquels elle y a été établie, si les avantages qui en compensent les inconvéniens, si les précautions qui en corrigent les vices, si l'esprit et les mœurs qui y ont accoutumé la nation, ne se trouvent et ne peuvent se trouver en France, ne serait-ce pas là un fruit de terroir qu'il serait dangereux de vouloir transporter du sol qui lui est naturel, dans celui qui ne lui convient pas?

En Angleterre, on n'a point, et on n'a jamais eu de ces grands corps judiciaires que Montesquieu regarde comme le boulevard de la liberté monarchique : le peu de magistrats, au nombre de douze, qui sont destinés à présider les assises civiles et criminelles, sont nommés par le roi, et n'ont jamais été déclarés inamovibles; leurs pouvoirs cessent même à chaque changement de prince, et nous avons vu le nouveau roi, Georges IV, confirmer, à son avènement au trône, tous les fonctionnaires civils et militaires. Toute la stabilité que les juges ont acquise depuis peu, c'est qu'au lieu de la clause, *durante bene placito*, les commissions portent, *quandiu si bene gesserint;* et ils peuvent être destitués sur une adresse des deux Chambres, ou sur une accusation (1).

Dans cet état de dépendance de la couronne où était la magistrature anglaise, ces insulaires ont craint, avec raison, que, si les tribunaux, qui n'étaient, pour ainsi dire, que des espèces de commissions, se trouvaient investis de toutes les attributions judiciaires, la liberté publique ne fût en danger, et que la nation ne fût exposée à voir se renouveler ces abus de pouvoir, ces chambres étoilées, ces actes de despotisme, dont ils n'ont jamais perdu le souvenir.

Ils se sont donc résignés à quelques inconvéniens, pour en prévenir d'autres qu'ils craignaient davantage. Ils ont pris le parti de laisser

---

(1) Voyez Blackstone. *Commentaire des lois anglaises ;* tom. 1er, pag. 388 et 390; traduites de l'anglais par M. D. G***, sur la 4e édition d'Oxford. in-8°.

leur justice faible, incertaine, de peur qu'elle ne devînt oppressive, et de sacrifier une portion de leur liberté civile, pour assurer ce qu'ils appellent leur *liberté politique.*

Et c'est ce respect, cet attachement qu'ils ont pour leurs usages; c'est l'ancienneté de ces usages même, dont l'origine se perd dans la nuit des temps, et qui ont pris leur source dans le génie guerrier et indépendant des peuples du Nord; c'est l'habitude qu'ils ont contractée, c'est l'amour-propre national, qui corrigent les imperfections, et font ressortir les avantages de leur pratique (1). On sait, et c'est une vérité attestée par l'expérience de tous les siècles, et trop négligée par l'esprit novateur du nôtre; on sait qu'une loi, quelque défectueuse qu'elle soit, si elle a l'assentiment général, si l'esprit, les mœurs d'une nation s'y sont adaptés, perd la plupart de ses défauts, et acquiert par la force morale qu'elle reçoit de l'habitude et de l'opinion, le principe de vie qui lui manquait dans son origine. Mon-

---

(1) C'est à cette cause que Bentham attribue la tolérance que les Anglais ont pour *les nombreux défauts* de leur procédure. *Législation civile et criminelle;* tom. III, pag. 371 de la traduction.

tesquieu n'a-t-il pas excusé, et presque justifié la plus monstrueuse de toutes les pratiques, le combat judiciaire (1)?

Mais en France, où on ne peut, pour les affaires civiles, se passer des coprs judiciaires; où leur indépendance est une loi fondamentale de l'État; en France, où l'on ne voit pas les richesses et les grandes propriétés fournir, comme en Angleterre, ce grand nombre d'hommes distingués, dé sujets instruits, indépendans, et capables de s'associer aux fonctions judiciaires; en France, où le besoin d'une institution qui appelle chaque citoyen à être juge pour vingt-quatre heures, ne se fait sentir qu'aux esprits amoureux de nouveautés, et où les citoyens se prêteront toujours, avec la plus grande répugnance, à s'ac-

---

(1) « Il y a, dans la république, certains maux qui » y sont soufferts, parce qu'ils en préviennent ou en » empêchent de plus grands. Il y en a d'autres qui sont » tels, seulement par leur établissement, et qui, étant » dans leur origine un abus ou un mauvais usage, sont » moins pernicieux dans leurs suites ou dans leur pra- » tique, qu'une loi plus juste ou une coutume plus » raisonnable. *Caractères de* Labruyère; *chap. de la Souveraineté de la république.*

quitter d'une tâche pénible, qui ne rapporte
ni honneur, ni profit ; en France, toutes les
imitations qu'on pourra faire de l'institution
anglaise, n'en donneront jamais que les inconvéniens, sans qu'on y puisse trouver la
moindre compensation.

Et ces inconvéniens, qui sont inhérens à
la chose, peut-on ne pas les apercevoir en
Angleterre même ? Si les Anglais avaient
mis une entière confiance en leurs jurés,
auraient - ils prescrit cette unanimité qui
n'a d'exemple dans aucune législation, et
qui est si favorable à l'impunité ? Les auraient-ils soumis à une clôture, qui ne doit
cesser que, lorsque les plus faibles au moral
et au physique ont cédé le champ de ba-
taille aux plus entêtés et aux plus robustes ?
N'auraient - ils accordé un avocat à l'accusé
que pendant l'audition des témoins ? Auraient-ils autorisé le recours contre les déclarations des jurés ? auraient - ils permis aux
juges de suspendre l'effet de leur déclaration,
et, porté contre les juges de fait, lorsqu'il est
reconnu qu'ils ont erré sciemment, des peines
sévères, et tellement absurdes qu'elles sont
tombées en désuétude ?

Un pays où les procès sont interminables,

par les formalités minutieuses et les renvois
fréquens d'une session à l'autre; où les formules (1) d'actions tirées de l'ancien droit
romain, indispensables dans des tribunaux
qui ne prononcent les jugemens que par
monosyllabes, sont la pâture des légistes,
et le désespoir des plaideurs; où un mot de
plus ou de moins dans la procédure fait annuler la demande la plus juste, et tomber
l'accusation la mieux fondée (2); un pays où

---

(1) Si un nouveau cas se présente, même en
matière civile, il faut recourir au parlement pour faire
établir la formule d'un nouveau writ. DELOLME;
tom. 1er, *pag.* 124. Il n'y a rien d'aussi ridicule que ces
formulaires; les Anglais en conviennent. Delolme ra-
conte que leur gouvernement ayant voulu les introduire dans l'une de leurs colonies d'Afrique, les colons les reçurent avec de grands éclats de rire, et
n'en voulurent pas absolument. pag. 127. Il faut voir
comme Cicéron se moque des formules de son temps.
« Quand elles étaient secrètes, dit-il, on s'adressait
à ceux qui en avaient l'intelligence, mais depuis
qu'elles sont devenues publiques, et qu'on les a exa-
minées, on les a trouvées vides de sens, et pleines de
fraude et d'extravagances : *inanissima prudentiœ
reperta sunt, fraudis autem et stultitiœ plenis-
sima,* » dans son Oraison pour Murena.

(2) On lit, dans *l'Histoire de la maison des Tu-*

on qualifie de *parjures pieux* (1) des déclarations rendues contre l'évidence et la conviction, et où, pour éluder la loi et en tempérer la rigueur, on a recours à des *priviléges
de cléricature*, plus ridicules là que partout
ailleurs (2); où, pour atteindre les crimes
qui sont mal définis par le code, et suppléer
à l'absence d'un writ, on emploie des *fictions
de droit*, qui ne sont autre chose que des dé-
mentis donnés légalement à la vérité; un pays
où, suivant toutes les relations, le nombre

---

dor, par Hume, que le nommé B*thowel* qui avait
assassiné Henri III, roi d'Ecos**** s par le
jury, parce que l'accusation da**** ne du 8 juillet au lieu du 6. C'était une mép****, observe l'historien, qu'on se ménageait pour le sauver.

Sir Henri Ferrers, ayant été arrêté en vertu d'un
warrant qui le nommait *chevalier*, quoiqu'il fût
baronnet, son valet, prenant la défense de son maître,
tua l'officier porteur de l'ordre. L'affaire portée aux
assises, ce domestique fut déclaré non coupable, vu
le défaut de warrant. DELOLME.

(1) BLACKSTONE. *Commentaires des lois anglaises;*
tom. VI, pag. 183.

(2) Voyez BLACKSTONE. *Commentaires des lois anglaises ;* tom. VI, chap. 17.

des délits va toujours en croissant (1); où
il suffit de quelques ouvriers mécontens,
pour jeter le trouble dans un canton, dans

---

(1) D'après les relevés qui ont été faits en Angleterre, il est prouvé que depuis 1805 jusqu'à 1817,
dans une période de douze ans, le nombre des crimes
a presque quadruplé. (*Moniteur* du 1ᵉʳ décembre 1818.)
— Il résulte d'un état annexé au rapport de M. Louis,
ministre des finances, fait en 1812, qu'il y avait en
Angleterre dix fois plus de crimes qu'en France; et
comme la population de l'Angleterre et du pays de
Galles est de 10 millions 194 mille, et celle de France
de 28 millions 996 mille; il s'ensuit que, chez nos voisins
le nombre des crimes est proportionnellement à peu
près plus grand de quatre cinquièmes que chez nous.
(*Moniteur* du ...vier 1819, à l'art. *Londres.*)
Bentham ne peut se dissimuler l'affaiblissement de la
justice anglaise, « d'où l'on voit, dit-il, résulter une police si peu efficace, et des délits si fréquens. » (*Traité
de la législation civile et pénale;* tom. III, pag. 112.)
— Il a été vérifié qu'en 1816 on a arrêté à Londres 1683
individus de l'âge de vingt ans, parmi lesquels 1251
n'avaient pas dix-sept ans, *le Constitutionnel* du 14
juillet 1817. (Art. tiré des journaux anglais.) — « Une
partie de la nation vit aux dépens de l'autre par les
vols. » (*De l'Angleterre au commencement du* 19ᵉ *siècle,* par M. le duc de Lévis.) — Les assassinats sont
communs en Angleterre, dit *le Journal du Commerce* du 17 octobre 1817.

(157)

une province, et souvent dans tout le royaume;
où l'homme qui voyage est obligé de faire la
bourse des voleurs; où des bandes organi-
sées (1) ont l'audace d'afficher dans les rues
la défense de voyager sans une telle somme,
et où, pour rétablir l'ordre, on a souvent
besoin de suspendre l'exécution des lois protectrices de la liberté individuelle; un état
pareil peut bien, si l'on veut, donner le modèle d'un bon gouvernement politique; mais
il serait de la dernière imprudence d'y aller
chercher des lois, des formes, et des juges.

Si nous regardons de près le jeu de cette
pratique, nous reconnaîtrons qu'elle n'est
pas aussi admirable qu'on le dit.

« Il n'est aucune affaire, dit le voyageur
» Granger, où les jurés n'aient été visités et
» sollicités à l'avance : pères, mères, époux,
» enfans, parens, amis, tous se rendent aux
» assises, et vont les implorer et les circon-
» venir. Aussi ai-je vu bien des fois, et entendu
» des jurés, après leur déclaration, me donner
» des renseignemens, et me faire des confi-

---

(1) Voyez *l'Histoire de l'Angleterre,* par l'abbé
de Saint-Chaman.

» dences propres à me prouver que, par un
» récit controuvé, on avait établi en eux des
» préventions qui l'avaient emporté sur la
» conviction qu'avaient nécessairement dû
» leur donner, depuis, les particularités des
» débats. Quelquefois l'accusé fait imprimer
» des billets de convocation, qu'il adresse à
» ceux qu'il entend appeler comme témoins à
» décharge, au dos desquels il donne les noms
» des jurés, pour que les témoins aillent leur
» parler (1). »

M. de Liancourt, qui a aussi visité l'Angleterre, rapporte que « dans les tenues d'assises
auxquelles il a assisté, il a reconnu que le président fait à lui seul presque tous les jugemens ; qu'il n'interroge que le nombre des
témoins qu'il veut ; qu'il fait cesser leur audition, quand cela lui plaît, fait au jury le rapport du procès, lui annonce qu'il trouve ou
non, matière à conviction , va quelquefois
jusqu'à dire qu'il ne trouve pas l'accusé coupable, et même jusqu'à *indiquer presque
formellement aux jurés le prononcé qu'ils
vont faire;* » *sans doute,* observe M. de Lian-

____

(1) *Idées des abus en matière criminelle.*

court, *il ne se permet d'excéder ainsi ses attributions, que parce qu'il voit que, sans cette précaution, les jurés seraient la plupart du temps fort embarrassés* (1).

Il ne faut pas croire qu'avec cette unanimité si rassurante, il n'y ait jamais eu d'innocens condamnés. Blackstone, le grand admirateur du jury, convient que, *contre les preuves de l'innocence, il est arrivé plusieurs fois que les jurés ont trouvé l'accusé coupable; leur rapport a été rejeté; et un nouvel examen a été accordé.* Delolme blâme même la facilité avec laquelle on admet les recours contre la délibération du jury. (2)

Mais si les Anglais ont reçu de leurs ancêtres une institution vicieuse par sa nature, ils ont su du moins la corriger et la fortifier par les précautions les plus sages, et par tous

____

(1) *Voyage d'Angleterre*, par M. de LIANCOURT.

(2) Cependant, M. Cottu cite un exemple d'un homme qui allait être pendu, au moment où le sursis, obtenu de la secrétairerie d'État, arriva; et l'enquête qui fut prise ensuite, *ayant démontré son innocence*, il obtint sa grâce. Un moment plus tard, un innocent périssait. *De l'administration de la justice en Angleterre;* pag. 118.

les ressorts d'une police sévère et surveillante.

On sait quelle crainte inspire au peuple
anglais la présence d'un simple constable.
Avec son bâton à la main, il perce la foule,
et va arrêter, sans la moindre résistance, au
milieu d'un groupe qui s'écarte avec respect,
un malfaiteur qui cherchait à se dérober à
ses poursuites. Le Grand Seigneur n'obéit pas
avec moins de docilité aux ordres du magistrat, et l'intimation d'un writ suffit pour le
faire sortir de son hôtel ou descendre de son
équipage, et pour le conduire soumis et do-
cile devant l'officier de police qui l'a mandé.

En Angleterre, un simple juge de paix peut
exiger des sûretés d'un homme qu'il suspecte. Le serment qu'on n'y a pas encore
appris à mépriser, est d'un grand secours
pour aider le magistrat à terminer les affaires;
des récompenses sont accordées aux révé-
lateurs, à ceux qui remettent un coupable
entre les mains de la police. Tout citoyen est
obligé, sous peine d'amende, d'arrêter l'individu surpris en flagrant délit(1) : les com-

____

(1) «Et même sur un soupçon probable.» BLACKSTONE;
tom. ii, chap. 13, pag. 261.

munes so**responsables des vols qui se commettent sur leurs territoires, à moins qu'elles ne représentent le voleur.

En outre, la population en Angleterre est plus resserrée qu'en France. Ici on compte 28 millions d'habitans, et là, il n'y en a que 12 millions, dont douze cent mille à Londres et dans la banlieue : ce qui diminue de beaucoup l'inconvénient du transport des jurés, des juges et des témoins.

Les juges de paix ainsi appelés, non parce qu'ils concilient les parties, mais parce qu'ils maintiennent la paix publique, sont de grands personnages revêtus d'une haute considération, et d'une grande autorité, ainsi que les schérifs chargés de convoquer les assises, et à qui une loi somptuaire prescrit d'avoir au moins vingt domestiques, portant livrée, et leur défend d'en avoir plus de quarante.

Que dirons-nous du grand juge qui préside les assises ? quelle pompe ! quel éclat ! quelle considération ! oserons-nous lui comparer les conseillers de nos cours, qui n'osent pas même user des minces honneurs que la loi leur accorde, et qui arrivent souvent à la session dans une voiture publique, et sans la suite d'un seul domestique? Les présidens d'assises en Angleterre, jouent un rôle un peu différent : ils sont reçus au son des cloches par les premiers fonctionnaires qui sont autrement honorables que la plupart de nos maires; sont logés dans les meilleures maisons, et visités par les plus grands seigneurs qui se disputent l'honneur de les fêter: ils sont simples dans leurs manières, mais grands par leur entourage, par la vénération qu'ils inspirent, et par les hommages qu'on leur rend : ils ont auprès d'eux, pendant la session, toute la magistrature du comté pour lui donner des ordres, et en recevoir des avis. On accourt de tous les environs pour assister aux assises, aux fêtes qui se donnent, et au mouvement d'une grande population. Quelle force ne doit pas donner à la justice un spectacle sur lequel tous les yeux sont fixés! combien les jurés qui sont d'ailleurs choisis parmi les plus riches propriétaires, ne doivent-ils pas être pénétrés de la dignité de leurs fonctions, et contenus par l'opinion publique, par la direction et la censure du magistrat vénérable qui les préside?

Cependant, malgré cette police, ces mœurs, cet esprit public, dont nous sommes si éloignés, le Gouvernement anglais ne peut se dissimuler la faiblesse de son organisation judiciaire, attestée par tous les historiens, et travaille depuis long-temps à la renforcer (1). Les shérifs qui étaient nommés par les communes, le sont à présent par le roi; les *cours d'équité,* jugent sans jury, au civil, et la *Chambre étoilée,* au criminel : les jurés peuvent s'en rapporter, en plusieurs cas, à la prudence du juge; celui-ci a le droit, s'il croit leur déclaration erronée, de suspendre l'acquittement, lorsqu'elle est favorable, ou l'exécution, lorsqu'elle est affirmative; et de plus, il peut commuer la peine, à la charge de la ratification du roi, qui rarement la refuse, dit M. Cottu (2). *Des convictions* appelées *sommaires* sont, les unes confiées aux juges de paix, et les autres aux cours souveraines.

----

(1) Delolme ne nie pas qu'il n'y ait des Anglais « qui, *plus sensibles à la nécessité de l'ordre qu'aux égards de l'humanité,* trouvent *que trop de coupables restent impunis.* » T. 1er, pag. 183. Est-ce que l'humanité ne demande pas que l'ordre public soit maintenu, c'est-à-dire, que les crimes soient prévenus par la punition des coupables?

(2) Voyez de *l'Administration de la justice en Angleterre,* par M. Cottu; pag. 70 et 113.

Concluons : puisque nos voisins ont tant de peine à soigner une institution si délicate, et à prévenir les fâcheuses conséquences qui en résultent, que doit-ce être chez nous?

CHAPITRE II.

De la Législation d'Athènes.

Les partisans du jury ont été chercher, jusques dans l'ancienne Athènes, des exemples favorables à leur système. Voyons les inductions qu'on peut en tirer.

La république d'Athènes avait un grand nombre de tribunaux, qui occupaient au moins le dixième de sa population mâle. M. Lévesque (1) fait monter le nombre total des juges à six mille. Chacun de ces tribunaux avait un nom et des attributions particulières, et était présidé par un des archontes : ceux-ci étaient choisis avec le plus grand soin, et

______

(1) Dans son *Traité des sciences morales et politiques,* inséré dans le 4e vol. des *Mémoires de l'Académie;* pag. 262.

après des examens sévères. Les juges devaient
avoir trente ans (1).

Voici de quelle manière on procédait dans
les jugemens criminels. Après le tirage au sort
des juges, on donnait à chacun d'eux une
boule blanche pour absoudre, et une noire
pour condamner. Quand chacun avait déposé
son suffrage dans une urne, on séparait les
boules blanches d'avec les noires : si les premières étaient en plus grand nombre, le chef
des juges traçait une ligne longue sur une ta-
blette enduite de cire : c'était pour annoncer
que l'accusé était absous; si au contraire les
boules noires dominaient, une ligne plus
courte était le signal de la condamnation.

-----

(1) « On comptait dix principaux tribunaux ; quatre
pour les meurtres ; six pour les autres causes. Parmi
les premiers, l'un connaissait du meurtre involontaire ; le second, du meurtre commis dans le cas d'une
légitime défense ; le troisième, du meurtre dont l'auteur aurait été condamné au bannissement ; le qua-
trième, enfin, du meurtre occasionné par la chute
d'une pierre, d'un arbre, ou semblables accidens.
La connaissance de l'assassinat appartenait à l'aréopage. » *Voyage du jeune Anacharsis*, par BARTHÉ-
LEMI; tom. 1ᵉʳ, chap. 16, pag. 454.

Quand la peine était spécifiée par la loi, le premier jugement suffisait : mais quand la loi était muette, on plaidait une seconde fois pour savoir quelle peine serait infligée.

On voit bien là quelque chose qui ressemble à la formation de notre jury. On y voit des juges pris au hasard, et n'apportant sur leurs siéges que l'instruction et l'expérience des gens du monde. Seulement, on remarque que les Athéniens, en interdisant l'écriture et la parole à leurs juges, avaient adopté un mode de déclaration plus simple et plus expéditif que le nôtre : du moins, s'ils jugeaient mal, on ne pouvait leur prouver qu'ils se fussent contredits.

Mais, pour apprécier au juste l'induction qu'on peut tirer contre nos principes, de l'exemple des Athéniens, il faut d'abord savoir jusqu'à quel point les lois d'une république peuvent convenir à une monarchie (1),

***

(1) Dans une république, il y a plus de mœurs, plus d'instruction, on s'y connaît mieux que dans les grands États, on s'y occupe davantage des affaires publiques; tous les matériaux d'un jury sont sous la main, et sont bientôt réunis; au lieu que ces élémens, dans les grands États, sont dispersés et plus rares.

et quelle ressemblance il peut y avoir entre les mœurs athéniennes et les nôtres. Sans doute il y en a beaucoup sous le rapport de la légèreté et de l'inconstance : mais on sait que les Athéniens étaient fort instruits, qu'ils s'occupaient beaucoup d'affaires, et qu'abandonnant à des esclaves les arts mécaniques, le commerce et les travaux agricoles, ils portaient leur activité sur tout ce qui intéressait l'État, les citoyens, l'ordre public et les lois. Les accusations surtout, que chaque citoyen pouvait intenter, étaient, pour ces républicains, un grand sujet de curiosité, d'entretien et d'instruction.

Ensuite, il faut considérer les effets que produisait, dans cette république de gens d'esprit, l'administration de la justice. Si chaque citoyen reposait tranquillement à l'ombre des lois ; si les tribunaux étaient la sauve-garde de l'innocence et la terreur des coupables ; si les vexations, si les jugemens iniques étaient des choses rares, je conviendrais qu'on pouvait trouver, dans la seule ville d'Athènes, six mille bons juges, et il ne me resterait que le regret de voir que, sous ce rapport, nous leur ressemblions si peu.

Mais ouvrez l'histoire, et voyez le vertueux

Socrate condamné à boire la ciguë pour avoir, entr'autres griefs, désiré, pour son pays, une meilleure justice, et gémi de la voir confiée à des juges tirés au sort (1).

La vie du sage Nicias, empoisonnée par la douleur de voir ses concitoyens livrés à de fausses accusations, et par la crainte d'y succomber un jour lui-même.

Voyez dans les historiens et dans Aristophane, avec quelle effronterie les accusateurs épouvantaient et menaçaient les meilleurs citoyens.

Avec quelle rigueur ces juges d'une année traitaient les innocens, et avec quelle indulgence ils favorisaient les coupables (2).

---

(1) Mélitus, l'accusateur de Socrate, disait aux juges : « C'est par la voix du sort que vous avez été établis pour rendre la justice. Cette forme, d'autant plus essentielle qu'elle peut seule conserver entre les citoyens une sorte d'égalité, Socrate la soumet à la censure; et la jeunesse d'Athènes, à son exemple, cesse de respecter le principe fondamental de la constitution. » *Le jeune Anacharsis*, par BARTHÉLEMI; tom. III, pag. 508.

(2) Voyez LÉVESQUE, dans son *Traité des sciences morales;* pag. 262. *Le jeune Anacharsis*, par BARTHÉLEMI; chap. 18.

Comment les citoyens n'abandonnaient-ils pas une ville où il n'y avait de sûreté pour personne? Comment la république put-elle résister si long-temps à des causes si visibles d'affaiblissement et de décadence?

Ah! c'est qu'elle possédait l'aréopage, ce sénat auguste dont les membres étaient à vie, ce sénat, composé de tous les archontes qui, après l'exercice de leurs fonctions, étaient reconnus dignes de cette haute magistrature, surveillant tous les tribunaux, prononçant sur les accusations les plus graves; contenant les hommes dangereux, et quelquefois ramenant la multitude égarée ; interdisant aux défenseurs les mouvemens oratoires et toutes les digressions inutiles; tenant le plus souvent ses séances pendant la nuit, pour résister plus facilement aux larmes et au spectacle d'une famille éplorée, et jouissant d'une si grande réputation dans toute la Grèce, que les rois et les peuples venaient se soumettre à ses jugemens.

Tant que ce grand corps de magistrature subsista dans toute sa force et avec l'éclat de sa puissance, Athènes jouit de cet état prospère qui l'a rendue une des plus florissantes républiques de la Grèce, de cette douce sé-

curité qui a son principe moins dans de
bonnes lois que dans les vertus des magistrats.
Mais le peuple qui croit s'approprier tout ce
qu'il retranche aux grandes magistratures, et
fortifier sa liberté, lorsqu'il en affaiblit les sou-
tiens, le peuple d'Athènes, agité par l'éloquence factieuse d'Ephiastes et par l'ambition
de Périclès, porta une serpe imprudente sur
cet arbre majestueux, à l'abri duquel repo-
saient ses destinées et sa sûreté.

Dès-lors, l'aréopage, affaibli et dégradé,
privé de cette vie qu'il communiquait à tout
le corps politique, ne put continuer à maintenir l'équilibre qui soutenait l'État, et les
germes impurs de son organisation judiciaire
se développèrent avec violence.

Il faut voir comment l'orateur Isocrate dé-
plore cette décadence funeste, et les maux
qui en furent la suite.

«Auparavant, s'écriait-il, ce sénat défen-
» dait Athènes des maux qui l'accablent au-
» jourd'hui, des accusations fausses, de l'in-
» digence, des exactions, de la guerre... c'était
» à lui que l'on devait cette sécurité si par-
» faite, dans laquelle coulaient des jours tran-
» quilles, et qui faisait embellir sans crainte
» les maisons de campagne les moins gardées.

» Quel bonheur ! quelle sagesse dans ceux qui
» gouvernaient alors ! que ce sort était doux,
» et que le nôtre est déplorable ! Peut-on voir
» sans douleur ces citoyens infortunés. qui,
» privés de tout secours, vont aux tribunaux
» publics chercher, dans les caprices du ha-
» sard, de quoi ne pas mourir de misère?.....
» Excès sans doute inoui à nos pères, et né-
» cessairement réservé aux temps funestes qui
» devaient suivre la ruine de l'aréopage.... A
» qui faut-il s'en prendre? A ceux qui avant
» nous gouvernaient la république, et qui l'ont
» ouverte à tous ces désordres qui l'inondent,
» en dégradant ce sénat (1). »

Voyons si les anciens Romains nous ont
fourni de meilleurs modèles.

CHAPITRE III.

De la Législation romaine.

Commençons par donner une idée de l'organisation matérielle de la justice des Romains,

____

(1) *Recherches sur l'aréopage*, par l'abbé CA-
NAYE, dans le 7ᵉ tom. des *Mémoires de l'Académie
des Inscriptions et Belles-Lettres ;* pag. 174.

pour en considérer ensuite le moral, qui est la meilleure de toutes les indications.

A Rome, il y avait un grand nombre de tribunaux criminels, parce que chacun de ces tribunaux ne connaissait que *d'une question*, c'est-à-dire d'une espèce de crimes, l'un du vol, l'autre de l'homicide, le troisième de la concussion, et ainsi des autres. Chaque tribunal avait un préteur et un palais à part qu'on appelait *basilique* (1).

Voici de quelle manière ces tribunaux se composaient.

Chaque année le préteur de la ville faisait une liste de 800 à 900 éligibles (2); je dis éligibles, quoiqu'on les appelât juges, parce

______

(1) Quelquefois, néanmoins, le tribunal tenait ses audiences dans une place, apparemment pour avoir un plus grand nombre de spectateurs. Rollin, *Histoire romaine*, tom. ii, pag. 619.

(2) Pline; liv. xxxiii, chap. 2, dit qu'on les appelait *nongentos*, ce qui a fait croire qu'ils étaient au nombre de 900. Cependant, Pompée, pendant sa préture, n'en nomma que 360, au rapport de Plutarque. Cicéron, écrivant à Atticus, lui dit : « Je vois tous les jours quelques-uns de ces 650 juges. » Il y a apparence que le nombre a varié suivant les temps.

que l'insertion sur la liste ne donnait qu'une aptitude à être juges. Dans les premiers temps, et jusqu'au tribunat des Gracques , le préteur ne pouvait choisir que parmi les sénateurs. Le sort et les récusations désignaient, parmi les éligibles, et pour chaque accusation, les juges, au nombre de 5o à 8o, qui devaient en connaître, et qui allaient siéger dans le palais désigné par la nature de l'affaire, où ils étaient présidés par un des préteurs. De cette manière, le juge, nommé par le sort, savait, suivant le palais où il entrait, de quelle *question* il allait s'occuper, puisque le tribunal dont il faisait partie ne pouvait connaître de toute autre question. Le jugement rendu, le tribunal était dissous, et le palais restait vacant, jusqu'à une nouvelle accusation et à l'arrivée de nouveaux juges.

Avant tout, l'accusateur était obligé de présenter son libelle, dans lequel il devait préciser clairement la nature de l'accusation, c'est-à-dire la qualification exacte du délit dénoncé. La formule en était prescrite et sévèrement exigée. Si le libelle était admis, l'accusateur n'y pouvait plus rien changer.

Cette superfétation de tribunaux, cette précision rigoureuse, n'avaient pour but que

d'arriver à la plus grande simplicité, et de ne
laisser aux juges qu'un seul point à décider.
Caïus a-t'il volé? Sempronius a-t'il homicidé?
Si, au lieu des termes techniques, l'accusateur
avait employé des synonymes, ou des péri-
phrases, il pouvait n'être pas compris.
C'aurait été bien pis, si on avait imaginé cette
foule de questions aggravantes ou atténuantes
qui embrouillent si fort l'esprit de nos jurés?
le Code pénal de Rome avait prévenu cet inconvénient, par sa grande précision et en réduisant les cas criminels à un petit nombre (1)
Mais il en résultait que les peines ne pouvaient
pas être justement proportionnées. Car pour
apercevoir les différentes nuances de culpabilité, il aurait fallu des juges exercés, qui
pussent envisager le fait sous toutes ses faces,

-----

(1) Il me serait facile de prouver que la *préméditation* n'était connue ni à Athènes, ni à Rome, et
qu'elle doit même être étrangère à la législation anglaise. Puisque le meurtre était puni de mort chez les
anciens, il était inutile d'examiner s'il était *prémédité* ; ce mot est cependant employé par les historiens;
mais en y regardant de près, on reconnaît qu'il si-
gnifie *volontaire*, par opposition à l'homicide commis sans intention.

et le comparer à la peine dont il peut être susceptible.

Cependant ,cette grande simplicité et le point de vue étroit, mais clair, dans lequel la législation romaine avait placé les juges, entraînaient, sous d'autres rapports, des inconvéniens non moins graves.

Un accusé de plusieurs crimes était obligé de comparaître devant autant de tribunaux, de subir autant de jugemens qu'il s'élevait contre lui de chefs d'accusation. Cicéron accusant Verès, disait : « s'il échappe de cette » accusation je l'accuserai de péculat, et s'il » échappe encore du péculat, je l'accuserai » de *perdullion* (1) » et il faisait entendre, qu'en traînant l'accusé d'un tribunal à un autre, il remettrait à sa charge tous les crimes dont il serait acquitté. Cependant le même orateur disait, en plaidant pour *Cluentius* « quelle » justice y a-t-il d'accuser quelqu'un en vertu » d'une loi, et de le condamner en vertu d'une » autre? »

Et s'il tombait sur la tête d'un individu plusieurs accusations à la fois, le même jour,

____

(1) *De suppliciis;* §. 21.

devant différens tribunaux, comment pou-
vait-il s'en tirer, et faire face simultauément
à tous ces accusateurs? la seule ressource qui
lui restait, c'était de courir d'un tribunal à
un autre, pour obtenir des délais qui lui
permisseut de comparaître successivement
devant tous ses juges. Milon ayant tué Clodius
avec port d'armes, attroupement et effraction,
avait par-là commis trois crimes, un meurtre,
et deux actes de violence, l'un prévu par la
loi *Plancia*, et l'autre par la loi *Pompeia*. On
ne lui fit grâce d'aucun : ses ennemis lui sus-
citèrent trois accusations pour le même jour,
devant trois tribunaux différens. Il fut condamné à tous les trois, après avoir obtenu
quelques délais.

Le plus souvent les accusations se succé-
daient les unes aux autres. De cette manière
un ennemi acharné, pouvait ne pas laisser
tranquille un seul moment le plus honnête
homme du monde : et c'est ainsi que Caton
le censeur fut accusé cinquante fois, et Aris-
tophon soixante et quinze.

On pouvait même, en changeant d'action
et de formule, revenir sur un fait qui avait
fait la matière d'une accusation rejetée.
Marcus Sanfreius, absous de la mort de

Milon, dont il avait été accusé en vertu de la loi *Julia*, fut de nouveau poursuivi en raison du même fait, en vertu de la loi *Plancia de vi*. *Gabinius*, déchargé du crime de lèse-majesté, ne put exciper de la chose jugée contre une nouvelle accusation, intentée en vertu de la loi *repetundorum*, quoiqu'elle roulât sur les mêmes faits.

Il résultait encore de cette unité d'action et de compétence, que tous les coopérateurs à un même crime ne pouvaient être jugés en même temps. Pour éviter toute complication, on avait établi pour règle qu'il ne fallait qu'un accusé, qu'un procès, qu'un jugement (1) : de sorte qu'on ne jugeait les complices que l'un après l'autre, au risque de voir la nature de l'accusation changer de face, d'un jugement à l'autre, et des complices absous d'un crime dont les auteurs auraient été condamnés.

Le même motif empêchait encore que l accusé ne pût récriminer contre son accusa-

____

(1) *De uno reo judicium cogitur*, disait-on : autrement, *essent duo rei, duœ lites, duœ controversiœ, duo judicii;* ce qui aurait renversé tout le système judiciaire.

12

teur, d'autant plus qu'il pouvait arriver que la récrimination portât sur un crime différent par l'espèce de celui qui était dénoncé; et alors le tribunal, nanti de l'accusation, n'aurait pas été compétent pour reconnaître du fait récriminatif.

Le renouvellement annuel des préteurs avait encore cet inconvénient que les parties, suivant que le préteur nanti de l'affaire leur était favorable ou contraire, faisaient tous leurs efforts pour être jugés pendant son exercice, ou pour attendre de l'être sous son successeur (1). Cicéron devait sortir de place dans deux jours, lorsque *Manilius* fut accusé devant lui; et quoique l'usage fût de donner dix à douze jours pour le jugement, Cicéron n'en donna que deux dans cette occasion, pour favoriser l'accusé; et, ce qui étonne dans un

---

(1) La même cause produit le même inconvénient en Angleterre. « Il arrive, dit M. Bexon, que des accusés se réfugient en pays étrangers, et ne viennent se soumettre au jugement que quand ils savent que tel ou tel juge doit être de service, parce qu'il jouit d'une réputation d'être plus pénétré d'humanité que tel autre moins bienfaisant. » *Développement de la théorie des lois criminelles;* pag. 528.

homme comme Cicéron, c'est qu'il se vanta, en plein sénat, d'avoir rendu ce service à *Manilius :* tant il est vrai que, lorsque la partialité devient commune, les plus honnêtes gens ne rougissent plus de leurs faiblesses.

Telles étaient la constitution et les formes judiciaires. Voyons à présent les effets moraux qui en résultaient.

Tant que les juges furent pris dans l'ordre des sénateurs, les choses purent aller, surtout dans les commencemens, où chaque membre du sénat était digne de juger un Romain. Mais, sous le tribunat de *Caius Gracchus*, les mœurs publiques s'affaiblissant, les vices de l'institution commencèrent à se faire sentir, et ce tribun démagogue, se prévalant, pour affaiblir le sénat, de quelques traits de faiblesse et de corruption reprochés aux sénateurs, fit transférer les jugemens dans l'ordre des chevaliers.

C'était une faute bien grossière. Car, si les sénateurs étaient corruptibles, les chevaliers, qui étaient d'un ordre inférieur, et à qui le recouvrement des deniers publics ne devait pas inspirer un grand désintéressement, devaient l'être bien davantage.

On voulut ensuite en revenir aux sénateurs,

puis aux sénateurs mêlés avec les chevaliers ;
on admit même les centurions et les gardes
du trésor, nouveauté contre laquelle le prince
des orateurs se récrie avec force (1). Mais,
plus on changeait, plus on sentait le besoin
de changer; parce que, au lieu de corriger le
mal, on ne faisait que l'aigrir; au lieu de resserrer l'éligibilité, on l'étendait, on l'avi-
lissait.

Ce qu'il fallait faire, c'était de supprimer
la voie du sort, ce juge aveugle du mérite; de
congédier cette nombreuse et changeante magistrature, et de former un tribunal composé
d'un petit nombre de sujets choisis, soumis
à des épreuves et à des examens sévères. Mais
Rome ne sut imiter d'Athènes que ses mauvaises institutions : elle lui emprunta ses
juges de hasard, et ne voulut pas de son
aréopage.

____

(1) *O contumeliosum honorem*, s'écriait-il, *quos
adjudicandum nec opinantes vocatis!* « C'est sans
doute, ajoutait-il, pour se procurer des juges indulgens qu'on a appelé les centurions ; mais on se trompe
bien, car plus un juge sera abject, plus il voudra se
faire un nom par sa sévérité. » Cependant les centurions étaient ce que sont à peu près les capitaines
parmi nous.

Montesquieu attribue l'inefficacité de ces fréquentes corrections au relâchement du principe républicain. Si à Rome, du temps des Catons et des Scipions, on n'avait déjà plus assez de mœurs pour supporter un ordre judiciaire qui en a le plus grand besoin, comment se flatterait-on de l'introduire, avec succès, et sous des formes encore plus dangereuses, dans nos grands États, au milieu de nos grandes populations, travaillées, en tout sens, par les besoins, la misère, le luxe et tous les fermens de la corruption?

Cependant ces juges annuels étaient pris dans les premiers ordres de l'Etat, et il y avait en outre à Rome, pour réparer le mal, des remèdes extraordinaires ; la dictature, la nomination d'un questeur, les commissions du sénat, et le décret par lequel les consuls étaient chargés de veiller au salut de la république.

Mais tel était le vice de l'institution, que rien ne pouvait en arrêter les mauvais effets; et quand on lit dans l'histoire romaine de ces traits par lesquels le plus chétif tribunal se croirait déshonoré, on ne peut concevoir comment un peuple qui se piquait si fort de liberté, ait enduré ces infamies.

Telle que l'audace d'une compagnie d'assurance qui, moyennant une certaine rétribution, avait garanti *Verrès* de toute condamnation.

Telle que la bassesse de ce juge, qui, ayant reçu d'un plaideur une somme pour la distribuer à ses collègues, la garda toute pour lui.

Et ces brigandages que les chevaliers romains commettaient impunément dans les provinces, parce que, avec le pouvoir judiciaire qui leur était départi, ils ne craignaient ni d'être dénoncés, ni d'être condamnés par leurs collègues.

Et cette insolence de *Lentulus* qui, ayant été acquitté avec deux voix en sus de la pluralité, regrettait publiquement d'avoir payé un juge de trop.

Cependant un autre accusé qui voulait s'épargner les mêmes regrets, fut dupe de son avarice. Absous une première fois, à une grande majorité achetée, il crut pouvoir, à une seconde accusation, diminuer la dose corruptrice; mais il se trompa : les juges, piqués de sa parcimonie, gardèrent l'argent et le condamnèrent.

D'autres fois, c'était l'esprit de parti qui les

rendait injustes. Nous lisons que quiconque s'était déclaré pour Clodius contre Cicéron, était condamné, quelque affaire qu'il eût, à tous les tribunaux de Rome.

Etaient-ils convaincus, ces juges qui rendirent le jugement suivant? Les preuves étaient faibles, les juges irrésolus, lorsqu'il se présente un consulaire : les juges lui demandent s'il sait quelque chose de l'accusation. Non, répondit-il, je ne connais pas même l'accusé; je l'ai rencontré une seule fois dans un chemin étroit; il passa sans se ranger ni me saluer. Les juges n'en demandèrent pas davantage, et condamnèrent l'accusé.

La faveur, le crédit et la crainte n'avaient pas moins de prise sur ces faibles esprits, et leur firent acquitter les plus grands coupables, tels que Gabinius, Rabirius, Cota, Catilina trois fois accusé, et Clodius (1).

---

(1) Cicéron raconte, dans la 16ᵉ lettre à Atticus, de quelle manière Clodius fut acquitté. « On n'a jamais » vu, dit-il, dans une assemblée de juges, un si triste » assemblage. Des sénateurs diffamés, des chevaliers » ruinés, des gardes du trésor qui n'avaient su conser- » ver leur propre bien, figuraient parmi quelques ju- » ges intègres que l'accusé n'avait pu récuser, et

C'était bien pis, lorsque la défaveur populaire, la malveillance et la jalousie étaient mises en jeu par les artifices et l'éloquence d'un accusateur habile et passionné.

Rutilius., l'homme le plus vertueux de son siècle, et que Cicéron cite comme un modèle de probité, étant de retour d'Asie, où il avait été lieutenant du proconsul *Scœvola*, fut accusé de concussion, lui qui avait fait rendre gorge à tous les concussionnaires, et fut condamné à l'amende. Il prouva son innocence, en faisant cession de ses biens, dont la valeur fut reconnue ne pas monter à la somme qu'on l'accusait d'avoir volée, et il sortit de la ville, ne voulant plus rester avec de pareilles gens.

C'est ce qui a fait dire à Cicéron qu'un homme riche ne pouvait être condamné (1);

»qui, tristes et confus de se voir avec des gens qui »leur ressemblaient si peu, paraissaient craindre que »l'infamie du corps ne retombât sur ses membres. »Vous connaissez ce chauve (Crassus), c'est lui qui »a conduit toute l'affaire..... Il a fait venir chez lui »les juges, il a promis, il a cautionné......» Je n'ose traduire le reste.

(1) Or. *In Verrem.*

à l'auteur des Révolutions romaines (1), que *la justice se vendait publiquement à Rome;* à Montesquieu, qu'il *y avait dans cette ville des hommes puissans qui intimidaient les magistrats* (2); et à l'encyclopédiste, au mot *élocution,* « qu'avec *ces juges pris au* » *hasard,* il suffisait presque toujours de » les émouvoir, ou de les rendre favorables, » par quelque autre moyen, et que Cicéron » eût perdu à la grand'-chambre la plupart des » causes qu'il avait gagnées, parce que ses » cliens étaient coupables. »

Faut-il être surpris, après cela, que le défenseur de *Milon* reprochât publiquement à *Clodius* de s'être racheté à beaux deniers comptans, et à *Verrès,* de dire publiquement, *tel de mes juges est un de mes amis; tel autre est l'ami de mon père?*

Qu'il ait menacé les juges, en pleine audience, de les poursuivre en justice, s'ils se laissaient corrompre?

Que, s'adressant à l'incorruptible Catulus, il l'eût exhorté à porter dans l'affaire

______

(1) *Discours préliminaire.*

(2) *Esprit des lois;* liv. II, chap. 22.

de Verrès, non-seulement la sévérité d'un juge, mais presque la vivacité d'un accusateur et d'un ennemi?

Qu'un sénateur assistant au jugement qui acquitta Clodius, eût demandé aux juges si c'était pour mettre en sûreté l'argent qu'on leur avait promis, qu'ils avaient envoyé demander des gardes au sénat?

Qu'un tribun ait exhorté le peuple à se trouver au jugement d'un accusé, pour ne pas le laisser échapper?

Que des juges si méprisables aient été menacés, insultés, arrachés ignominieusement de leurs siéges?

Caton, l'imperturbable Caton, siégeant comme préteur sur son tribunal, ne put retenir son indignation, en voyant acquitter l'infâme *Gabinius*, malgré les charges qui mettaient au plus grand jour ses iniquités : il se leva de dessus son siége, mit en pièces les tablettes, se retira avec indignation d'auprès des juges qui faillirent, dit un historien, à être assommés par le peuple.

Que signifiaient ces habits de deuil que l'accusé prenait avant le jugement; ces patrons en crédit qui sollicitaient publiquement pour lui; cette foule d'amis, de parens, qu'il menait à l'audience, et qui se prosternaient aux pieds des juges, criant miséricorde, lorsqu'ils étaient aux opinions? ces scènes dramatiques qu'on faisait jouer à l'accusé, à ses enfans, au défenseur, aux témoins, et quelquefois même aux juges? que signifiaient toutes ces parades, sinon l'opinion qu'on avait de la faiblesse des juges, et de leur susceptibilité à recevoir toutes sortes d'impressions?

Tant de faiblesse, de partialité et de corruption souleva tous les esprits. Des lois pénales furent rendues contre les juges prévaricateurs. Mais les chevaliers étaient si puissans, qu'ils parvinrent à faire révoquer ces lois. D'ailleurs, que pouvaient les prohibitions avec des juges de cette espèce?

Pompée qui, pendant son consulat, fit rendre deux lois, dont l'une défendait de louer les accusés, et l'autre de solliciter pour eux, ne fut-il pas le premier à les violer, l'une, en faisant l'éloge de *Plancus,* devant Caton même qui se boucha les oreilles pour ne pas l'entendre; et l'autre, en sollicitant pour *Metellus Scipion,* son beau-père, avec de telles démonstrations, qu'il prit le deuil, et engagea par son exemple, quelques juges, chose inouïe ! à en faire autant. C'est ce qui a fait dire à Tacite que Pompée était, *suarum legum autor et subvertor.*

N'y ayant plus de justice dans cette première ville du monde, bien des gens cherchèrent à se faire justice eux-mêmes, ou à tourner à leur profit l'impunité publique. Des tribuns furent assassinés en place publique, des sénateurs furent trouvés morts dans leurs lits, sans qu'on en fît la moindre poursuite : l'on mit en question, s'il était permis à un particulier de délivrer la patrie d'un mauvais sujet ; et Cicéron, pour justifier le meurtre de Clodius, et les exécutions faites sous son consulat, sans forme de procès, rapporte plusieurs exemples de cette justice privée.

Entrons à présent avec nos nouveaux législateurs dans les forêts de la Germanie, pour y suivre les traces de cette institution, qui sent encore les bois d'où elle est sortie.

CHAPITRE IV.

Lois des Germains et des Francs.

J'ouvre les relations qui nous ont parlé de ces peuples simples, guerriers et pasteurs dont on voudrait nous faire adopter les usages, sans nous en donner les mœurs. Et voici tout ce que j'y trouve qui ait rapport au sujet qui nous occupe.

César dit que pendant la paix, les Germains n'ont pas de magistrat commun, et qne les princes *regionum, et paganorum,* rendent la justice entre les leurs, *inter suos.* « Les princes, dit Tacite, délibèrent sur les petites choses, et tous ensemble sur les grandes.» Il parle ailleurs des jugemens rendus par les centurions, et par les hommes connus pour les meilleurs et les plus sages.

On peut bien apercevoir dans ces quatre lignes, l'origine de la féodalité, des justices seigneuriales, du gouvernement représentatif, si l'on veut : mais, il est difficile d'y reconnaître l'ombre même d'une justice rendue par des juges tirés momentanément de la masse du peuple.

Mais les jugemens par pairs, les cours d'assises, n'étaient-elles pas connues chez les descendans des Germains, chez les Francs, nos pères et nos maîtres? Oui, sans doute : mais il faut savoir de quelle manière; pour ne pas faire une équivoque de nom, pour ne pas appliquer à la justice des temps modernes des pratiques qui supposaient l'absence de toute justice.

Il est certain que la nation qui a conquis les Gaules aurait regardé un tribunal permanent comme une monstruosité. Rien n'aurait été plus insupportable à des hommes qui vidaient leurs différends à la pointe de leurs épées, à des hommes dont les guerres privées devenaient des guerres civiles, et qui regardaient les tribunaux de *Vasus* comme le refuge des lâches, et ses avocats comme des serpens dont il fallait écraser la tête; qui ne connaissaient d'autre vertu que la valeur, d'autre droit que celui du plus fort, et à qui il ne fallait, pour se faire justice, que des armes et de l'audace.

Pour mettre un frein à cette indépendance et à cette sanglante anarchie, leurs chefs ne trouvèrent d'autre moyen que de régulariser le désordre, de faire de la violence un code, et de l'arène un tribunal.

De là, les combats judiciaires où se décidaient toutes les contestations, dont le seigneur et ses pairs étaient les juges. Le tribunal s'appelait *les plaids, les assises* ou les *placites*. Les champions, c'était les parties : le vainqueur, c'était celui qui gagnait le procès, et le vaincu, c'était celui qui le perdait.

On sent qu'il ne fallait pas beaucoup de suffisance pour plaider et juger des causes où la force et l'adresse étaient les seules bonnes raisons. Les plaideurs n'avaient besoin que de bras, et il ne fallait aux juges que de bons yeux.

D'autres pratiques non moins absurdes s'établirent pour calmer la férocité que ces peuples mettaient dans leurs querelles. On imagina les épreuves du feu, de l'eau bouillante, de l'immersion. Ce n'était pas le jugement des hommes qu'ils cherchaient dans ces chances périlleuses : c'était Dieu, le seul maître qu'ils voulussent reconnaître, qu'on établissait pour juge.

D'autres fois les juges exigaient que les parties produisissent des témoins, non pour déposer, mais pour attester avec serment, les uns, la vérité de l'accusateur, les autres, l'innocence de l'accusé. Chaque partie en produisait ordinairement douze, qui étaient appelés *conjuratores*, d'où est venu lé mot de juré (1).

Les pairs, ainsi appelés, non parce qu'ils étaient les égaux des champions, mais parce

______

(1) Voyez les *Mémoires de l'Académie des Inscriptions et Belles-Lettres;* tom. xv, pag. 620.

qu'ils s'égalaient dans ce moment, à leurs chefs (*pares inter se*) (1), étaient choisis parmi les notables et les *plus vaillans hommes* du fief. Il les fallait vaillans, parce qu'ils étaient souvent obligés de descendre du tribunal pour se mesurer avec la partie qui *faussait* leurs jugemens. *Juger, c'était combattre.*

Quand St. Louis voulut abolir le combat judiciaire, il se garda bien d'étendre cette réforme aux cours des barons, qui ne l'auraient pas souffert. Il la restreignit aux terres de ses domaines. Mais cet essai dégoûta peu

---

(1) « La cour des Francs tenanciers, dit Blackstone, était composée des vassaux du seigneur, lesquels étaient *pares* les uns des autres. » (*Commentaire des lois anglaises;* tom. IV, pag. 51, édition d'Oxford). « Les ducs et les comtes jugeaient avec leurs pairs ou leurs principaux vassaux qui étaient *pares inter se.*» (*L'Encyclopédie*, section *jurisprudence*, au mot *justice*). « Les seigneurs, assemblés en parlement, sont nommés pairs, ou pareils du souverain. » (*Histoire de l'ancien gouvernement de France*, par le comte de Boulainvillers). On voit dans d'anciennes formules que quelquefois les vilains combattaient avec les nobles : donc, nos ancêtres n'étaient pas toujours jugés par leurs pareils.

à peu par l'ascendant de l'exemple et de l'autorité, d'une forme de procéder, qui faisait
courir autant de chances à la bonne qu'à la
mauvaise cause.

Enfin, la raison, l'autorité royale, l'esprit
religieux, l'étude de la jurisprudence, faisant
tous les jours des progrès, les appels furent
introduits; les cours d'assises furent délais-
sées; le parlement, qui avait remplacé la cour
des pairs, présidée par le Roi, devint séden-
taire, d'ambulatoire qu'il était; et les seigneurs, sans avoir été positivement dépouillés
de leurs juridictions, se virent obligés d'en
confier l'exercice aux gradués, et de s'en abs-
tenir eux-mêmes.

Ceux qui ont reproché à la féodalité, et
que ne lui a-t-on pas reproché? d'avoir aboli
les jugemens par pairs, ont choqué tout à-la-
fois la raison et l'histoire : la raison, parce
que, si le fait était vrai, il serait plutôt louable
que blâmable : l'histoire, parce que tous les
documens attestent que les nobles étaient
tellement attachés à leurs cours des pairs,
qui flattaient leur vanité, et fortifiaient leur
pouvoir, qu'obligés d'abandonner cette pratique, pour les causes civiles et criminelles, ils

13

la conservèrent le plus long-temps qu'ils purent dans les *matières féodales* (1).

Tels étaient ces fameux jugemens par pairs qui ont dû leur origine à la barbarie, à l'ignorance, à la superstition, à l'anarchie féodale, et qui n'ont cédé qu'à la raison, aux principes, aux préceptes religieux, à l'expérience et à l'autorité des lois.

Voyons si nous avons lieu d'être plus contens de l'imitation, ou de la correction que nous en avons faite.

____

(1) Boutillier. *Somme rurale;* liv. 1ᵉʳ, tit. ii.

LIVRE VI.

ÉPREUVE DU JURY FRANÇAIS.

———

JE puis, je crois, assurer, sans crainte d'être démenti, que, depuis plus de trente ans que le jury a été introduit en France, personne n'en est encore content. C'est déjà un fort préjugé contre cette nouveauté. Ceux que cette longue expérience n'a pu encore détromper, rejettent la cause de leur désappointement sur le mode d'exécution. Quoique j'aie attaqué leur vaine théorie par les seules armes du raisonnement, je dois, pour achever ma tâche, prouver que les inconvéniens qui se sont fait remarquer dans les épreuves qui ont été faites, viennent du principe même et non des moyens employés, et que ce ne sont point les rouages qui sont défectueux, mais bien le plan et l'ensemble de la machine.

Je m'aiderai quelquefois de ma propre expérience, avec cette réserve que l'on doit mettre en parlant des choses jugées et des organes de la loi.

CHAPITRE PREMIER.

Méfiance de la loi.

Et d'abord, une preuve du peu de confiance que la loi met dans les jurés, ce sont les efforts qu'elle.fait, les précautions qu'elle prend, pour écarter de leurs délibérations, l'erreur, la faveur, la partialité, les déceptions.

Si ces agens présentaient une garantie et une base sûres à la confiance, pourquoi entourer la formation de leur liste d'un secret qu'il est impossible de garder? pourquoi ces épurations qui n'épurent jamais, confiées au préfet et au président des assises? pourquoi cette consigne mise à la porte et cette séquestration de toute communication extérieure si difficile à maintenir? pourquoi cette défense de s'occuper du résultat que doit produire la délibération, ces deux révisions accordées aux juges pour corriger les erreurs des jurés? Toutes ces entraves, tous ces préservatifs dont j'aurai occasion de montrer l'insuffisance, n'annoncent-ils pas que le législateur n'a pu se dissimuler le danger de son établissement? Tant d'étais employés à soutenir un édifice, ne font-ils pas soupçonner que les fondemens n'en sont pas solides? et quand la loi laisse entrevoir sa suspicion et ses craintes, pouvons-nous nous en défendre nous-mêmes?

Mais, on aura beau faire; le vice est dans la chose même. Les causes morales ne peuvent se corriger que par des causes morales, et quand on a à se méfier de ses serviteurs, le plus sûr est de les renvoyer et d'en prendre d'autres.

CHAPITRE II.

Formation de la liste des Jurés.

Si on confie la liste des jurés aux juges, il est à craindre que, connaissant les charges écrites, ils ne soient dirigés par les préventions qu'elles leur auront données, ou qui leur seront venues d'ailleurs, et qu'ils ne choisissent les jurés dans le sens de l'accusation qu'ils croiront fondée, ou dans l'intérêt de l'accusé qu'ils croiront innocent?

Conservera-t-on ce choix aux administrateurs? autre inconvénient, et celui-ci est peut-être plus grave encore. Je ne dirai point que tout agent du gouvernement est suspect; j'écarte toutes ces défiances qui ne tendent qu'à avilir l'autorité et à déplacer les abus. Mais voici mon objection.

L'homme ne s'applique à bien faire que les choses qui ont un rapport immédiat à la tâche principale dont il est chargé. Un résultat éloigné et qui se réalise, sans qu'il y coopère, ne l'occupe que faiblement. Un administrateur, touché plutôt de l'intérêt présent de ses administrés, que de l'intérêt futur des justiciables, voudra répartir également sur les premiers un fardeau qu'ils trouvent pesant, et, au lieu de faire de bons choix, il prendra à tour de rôle, et ne reproduira les bons sujets que lorsque la liste sera épuisée. Peut-on appeler cette opération un choix? ne suppose-t-elle pas que les mille, deux mille éligibles sont tous des sujets capables? je ne parle pas de la négligence avec laquelle les listes se composent; c'est un travail qu'on abandonne aux chefs de bureau qui ne s'occupent que du matériel, et jamais du moral. J'y ai vu figurer des morts, des illitérés, des insolvables, des condamnés aux galères.

Le président des assises, à qui le préfet envoie la liste pour la réduire, n'en connaît guère les noms que par la lecture qu'il en fait; il est à dix, vingt, trente lieues du domicile des individus inscrits; il n'a pas le temps de prendre des renseignemens; il raie à tout hasard, et souvent il est fort étonné, en arrivant aux assises, de voir qu'il s'est privé des meilleurs sujets.

Pour éviter tous ces écueils, aurait-on recours à la voie du sort? ah! quelle extrémité! abandonner au hasard les choix d'une si haute importance! jouer au dé l'honneur et la vie des citoyens! quelle imprudence! pourquoi donc s'est-on tant récrié contre le hasard de la naissance, qui du moins offrait la garantie de l'éducation, de la fortune, des traditions domestiques? à quoi en sommes-nous donc réduits, si, pour ne pas dépendre des gens en place, nous n'avons d'autre moyen que de nous rendre les esclaves du sort?

Nous voulons, dites-vous, éviter l'influence ministérielle sur les préfets et les présidens d'assises, et prévenir des combinaisons oppressives. Eh bien! j'y consens, suspectez tout ce qui est revêtu de quelque pouvoir : qu'en conclurez-vous? En serez-vous plus avancés? Vous aurez beau vous démener avec les difficultés; vous trouverez partout des inconvéniens : sans cesse il vous faudra lutter contre l'impossibilité de trouver, dans la population d'un département, mille, deux mille individus, en état de juger, si vous ne voulez pas que je dise en état d'être juges; et ces mille ou deux mille personnes qui les indiquera pour être soumises au sort? Dans quelle classe seront-elles prises? Quelles que soient les conditions exigées; qui que ce soit qu'on charge de la composition de la liste, comptez qu'il y régnera toujours de la négligence et de l'arbitraire; sans parler de la difficulté insurmontable du grand nombre de choix à faire. La composerez-vous tout entière des électeurs d'un département? Vous croyez donc que 300 francs d'impositions suffisent pour faire un bon juré? Vous ne voudrez donc plus une magistrature *invisible;* vous ne craindrez donc plus de privilégier une classe, et de réunir sur trois ou quatre cents têtes, dans chaque département, les élections, les jugemens, et je ne sais quelles autres attributions encore? Mais ces contribuables privilégiés vaudront-ils mieux que ces six cents sénateurs ou chevaliers dont Rome fut si mécontente? C'est avoir une étrange idée de la justice, que de croire qu'elle peut être confiée à tant de monde. Si vous voulez absolument pour jurés, les électeurs, attendez-vous à voir un grand nombre de citoyens occupés à se débarrasser d'un fardeau que chacun redoute, et à employer, pour perdre leur caractère électif, des moyens tout contraires à ceux que nous ayons vu mettre en usage pour l'acquérir.

CHAPITRE III.

Des récusations.

Mais les récusations ne corrigeront-elles pas les mauvais choix? Faible correctif! les jurés sont peu connus des accusés, à qui la liste n'est communiquée que la veille de l'ouverture des débats : les jurés ne leur sont pas présentés face à face, pour qu'ils puissent rejeter, à la seule vue, comme on s'en était flatté, ceux dont l'air et la figure ne leur conviendraient pas. Les jurés, à l'appel nominal, se contentent de répondre, assis à leur place, et souvent debout dans la foule. Les défenseurs des accusés ne sont pas en droit de les assister dans cette revue rapide, et ne seraient pas moins embarrassés dans la direction de ce droit éliminatif: il y en a qui m'ont fait la confidence de leur délicatesse, et de la crainte qu'ils avaient, en faisant telle ou telle récusation, de donner au jury une prévention défavorable à leurs cliens. S'ils en usent quelquefois, c'est presque toujours dans un but contraire à celui du législateur; c'est pour rendre service aux jurés qui veulent avoir du relâche; et ce sont presque toujours les meilleurs sujets dont on se prive par cette récusation officieuse, parce que ce sont ceux qu'on aime le plus à obliger.

Quant au ministère public, il aura toujours de la répugnance à user d'une faculté qui, quoiqu'on en dise, a toujours quelque chose d'offensant. Dire à un juré qu'on ne veut pas de lui, c'est, quelque tournure que l'on prenne, lui témoigner qu'on le suspecte.

Je conviens que ces inconvéniens, et quel-

ques autres, sont moins graves dans la capitale que dans les départemens. Une grande
population, réunie dans une seule ville, fournit plus d'hommes instruits, de gens riches,
plus d'élémens pour former une bonne aggrégation morale. Ses habitans éprouvent
moins de dérangemens en quittant leurs affaires et leurs foyers; les jurés peuvent plus
facilement être appréciés par le préfet, par le
président d'assises, par les accusés, par le
ministère public. Cette loi, comme tant d'autres, est donc encore plus mauvaise dans les
campagnes que dans les grandes villes. Mais,
quand même elle devrait faire les délices et le
bonheur des Parisiens, pourquoi sacrifier toujours les provinces à la capitale, plusieurs
millions d'hommes à quelques cent mille?
Pourquoi ce qui ne pourrait se faire que par
exception, tout au plus, devient-il la règle générale?

Plus on poursuit l'examen du nouveau
Code d'instruction criminelle, plus on dé-
couvre dans ses dispositions réglementaires
sur le jury, l'impuissance à surmonter les
difficultés.

CHAPITRE IV.

Réclusion des Jurés et défense de communiquer.

Tous les juges des cours d'assises savent combien il est difficile, dans les affaires qui occupent plusieurs séances, d'exécuter l'article 353 qui interdit aux jurés toute communication au-dehors, depuis l'ouverture des débats jusqu'à la déclaration du jury. Peut-on raisonnablement imposer à des hommes qu'on enlève à leurs foyers et à leurs habitudes, l'obligation de s'enfermer, comme prisonniers, dans une enceinte, pendant huit jours et souvent plus, que peuvent durer les débats d'une affaire. Aussi voit-on, au mépris de la loi, MM. les jurés se montrer publiquement, dans l'intervalle des séances, vaquer à leurs affaires, à leurs plaisirs, et se faire quelquefois attendre à la reprise des débats.

La réclusion dans leur chambre pendant la délibération est exécutée, il est vrai, un peu plus rigoureusement. Néanmoins la consigne n'empêche pas toujours les billets et les avis de s'introduire. Je puis en citer un exemple. Un individu, accusé de faux , allait être déclaré coupable par les jurés réunis, lorsque l'un d'eux reçut un billet qu'on avait trouvé le moyen de lui faire parvenir, dans lequel on lui annonçait que la partie civile venait de s'accommoder avec l'accusé : c'était une imposture qui ne produisit pas moins son effet; et quand les jurés apprirent qu'ils avaient été trompés, ils en furent au désespoir : mais il n'était plus temps. Il n'est pas de conte, pas de supposition, que la malveillance ou un zèle officieux ne fasse circuler autour des jurés, soit dans la salle, soit sur leurs siéges, soit dans leur chambre même, dans la vue de les prévenir pour ou contre l'accusé : et c'est ce qui me persuade qu'il vaudrait beaucoup mieux qu'ils fussent répandus dans le monde, à entendre tous les propos du public, que d'être resserrés dans un cercle étroit, où il est si facile de les surprendre. Poursuivons.

CHAPITRE V.

Défense de s'occuper des suites de la décla-
ration.

La loi ne se montre jamais si impuissante,
que lorsqu'elle veut régler et contraindre la
conscience de l'homme. Elle a beau faire dire
aux jurés, par l'organe du président et par
une instruction affichée en gros caractères
dans leur chambre, *qu'ils manquent à leur*
premier devoir, lorsque, pensant aux dis-
positions des lois pénales, ils considèrent
les suites que peut avoir, par rapport à
l'accusé, la déclaration qu'ils ont à faire.
Vains discours! précautions illusoires, et
même dangereuses! Comment peut-on se
flatter d'interdire à l'homme appelé à prononcer sur l'honneur et sur la vie de ses
semblables, la connaissance du sort que leur
prépare le *oui* ou le *non* qu'on lui demande? La conscience la plus calme ne se
rassure pas par la responsabilité que le législateur prend sur lui-même. Elle se reproche-
rait d'avoir, par une déclaration imprévoyante,

amené un résultat désavoué par l'équité, et par ce sentiment intérieur auquel l'homme ne résiste pas sans scrupule.

Que résulte-t-il de cette opposition entre la conscience et la loi, entre l'ignorance des dispositions pénales prescrite aux jurés, et l'instinct irrésistible qui les porte à vouloir proportionner les peines aux délits? Il en résulte que les jurés, peu au fait de l'application de la peine, et voulant néanmoins y ajuster leur déclaration, se trompent quelquefois sur les résultats, et, par de fausses combinaisons, font absoudre un prévenu qu'ils voudraient faire condamner, ou le font condamner, lorsqu'ils voudraient le faire absoudre.

· Un individu, après avoir franchi la clôture d'un jardin, s'introduisit dans la maison attenante, et vola dans un coffre quelque peu d'argent : les jurés, excités à l'indulgence par l'exiguité de la somme volée, voulurent lui épargner les peines afflictives, et ne le faire condamner que correctionnellement. Ils crurent y réussir en écartant l'escalade et la soustraction, et en déclarant qu'*il était coupable de s'être introduit dans la maison avec l'intention de voler*. Mais, comme l'intention seule ne suffit pas pour constituer un délit, il fut acquitté au grand étonnement et au grand regret de MM. les jurés ébahis.

J'ai été témoin d'une autre méprise bien plus grossière; mais qui fut réparée par une autre transgression, à laquelle l'accusé, qui seul aurait pu s'en plaindre, consentit. Un jeune homme, accusé de plusieurs vols, les uns avec effraction, et les autres avec escalade, et qui, dans ses interrogatoires écrits, s'était donné dix-sept ans à l'époque des vols, se reprit à l'audience, et soutint qu'il ne les avait pas alors. Les juges, par indulgence, admirent son assertion, et proposèrent la question du *discernement.* Les jurés, entrant dans les vues du tribunal, et croyant le faire condamner à des peines correctionnelles, rejetèrent les circonstances aggravantes, admirent le vol, et déclarèrent qu'*il n'avait pas agi avec discernement.* Mais le défaut d'intention entraînant l'acquittement, les jurés furent fort surpris, quand ils apprirent, après la lecture de leur déclaration, que l'accusé allait être acquitté; et, protestant hautement qu'ils s'étaient trompés, ils demandèrent de rentrer dans leur chambre, pour refaire leur déclaration. Le défenseur, l'accusé et le ministère public y ayant consenti, les jurés présentèrent une seconde déclaration, qui fit condamner l'accusé à deux ans de correction.

Il est même arrivé quelquefois qu'une équivoque de la part des jurés a fait traiter plus sévèrement l'accusé qu'ils ne se l'étaient proposé. Un jury, touché d'indulgence pour un voleur avec fausses clés, de nuit et dans une maison habitée, et voulant réduire les juges à l'application des peines correctionnelles, se contenta de retrancher la circonstance des *fausses clés*, croyant que c'était la seule qui fût susceptible de peines afflictives, et laissa subsister les circonstances de *la nuit* et de la *maison habitée*, que l'ancien Code ne punissait que correctionnellement. Mais le nouveau Code ayant une disposition plus sévère, l'accusé fut condamné à cinq années de réclusion et au carcan. Je vis, à la prononciation de l'arrêt, les marques visibles de désappointement que donnèrent les jurés. Les notices que j'ai conservées des arrêts de la Cour d'assises, près laquelle j'exerçais le ministère public, sont chargées d'un nombre infini de pareils traits, les uns risibles, les autres déplorables.

Venons à présent aux moyens indiqués par

14

la loi pour prévenir une injuste condamnation.

CHAPITRE VI.

Moyens pour réparer les erreurs du jury.

L'ARTICLE 351 du Code d'instruction veut
que, *si l'accusé n'est déclaré coupable du
fait principal qu'à la simple majorité* (de
sept contre cinq), le fait soit soumis à la délibération des juges, pour que l'appréciation
en soit faite par la majorité de toutes les voix
réunies, tant celles des jurés que celles des
juges.

L'article qui suit, réserve une dernière ressource à l'accusé déclaré coupable par le jury
à une majorité plus que relative, c'est-à-dire
à une majorité excédant le nombre de sept
voix. Dans ce cas, *si les juges sont unanimement convaincus que les jurés se sont
trompés,* la cour renverra l'affaire à la session suivante, pour être soumise à un nouvel
examen.

On ne peut que louer l'intention du législateur. Mais les moyens par lui employés sont-ils

efficaces ? C'est ce dont il est permis de douter.

Et d'abord je remarque, dans l'article 351, que les juges reconnus par la législation même comme inhabiles à prononcer sur les faits, sont cependant appelés, dans la conjoncture la plus importante et la plus délicate, à remplir les fonctions de juré, à cumuler une donble attribution qu'on avait voulu diviser, et à résoudre un doute pénible qu'une faible majorité a fait naître. Si on se méfie des juges dans les cas ordinaires, pourquoi leur accorder de la confiance dans le moment le plus critique, et s'exposer même à les surprendre, lorsque, croyant n'avoir à prononcer que sur le droit, ils peuvent n'avoir pas prêté une attention bien suivie à la discussion du fait ? Première contradiction qui peut, par le résultat, être favorable ou contraire à l'accusé. Mais en voici une autre qui ne peut être qu'à son désavantage.

En effet, lorsque l'affaire est remise entre les mains des juges, l'accusé, sur douze voix, en a sept contre lui, et cinq pour, c'est-à-dire que les voix favorables excèdent de deux voix celles qui lui sont contraires; et cependant la loi doute encore s'il est coupable. Voyons à présent le résultat de la réunion des jurés avec les juges. Ils sont en tout dix-sept, douze jurés et cinq juges; majorité, neuf. Si donc neuf votans, juges ou jurés, décident affirmativement, l'accusé est condamné sans ressource. Or, pour produire cette majorité de neuf, il suffit que *deux juges* se réunissent à la majorité des jurés qui est de sept: de sorte que la minorité d'un tribunal peut conduire un homme à l'échafaud; de sorte que, tandis que la majorité de sept voix contre cinq, dans la délibération du jury, n'a pu rassurer le législateur, la majorité moins imposante de neuf voix contre huit, résultat des deux délibérations réunies, est accueillie comme une garantie suffisante. Voilà donc à quoi se réduit le recours que la loi donne aux accusés contre les erreurs du jury?

Ce recours peut même leur devenir funeste par l'abus qu'on s'en est permis. Dans les affaires embarrassantes et délicates, les jurés, pour se décharger d'une tâche pénible, prennent souvent le parti de s'en rapporter à la prudence des juges, par une simple pluralité convenue (1); d'où il peut

______

(1) Cet abus se fait remarquer dans presque toutes les Cours d'Assises; je m'en étais aperçu dans celle

résulter qu'un accusé, qui aurait obtenu une
déclaration favorable, si son sort avait dé-
pendu entièrement des jurés, parce que,
dans le doute, il est probable que l'indulgence l'eût emporté, soit renvoyé à courir
une chance périlleuse, et à voir sa vie et son
honneur dépendre de la minorité d'un tribunal. Heureusement les juges ne sont pas
aussi méchans qu'on veut le faire croire, et
je puis assurer, parce que j'y ai prêté une attention particulière, que la réunion des juges
avec les jurés a produit beaucoup plus d'acquittemens que de condamnations; et c'est
une raison de plus à ajouter à celles que je
donnerai, pour détromper le public de la
fausse opinion que des déclamations insen-
sées lui ont donnée, d'une sévérité outrée
qu'on veut faire croire être naturelle aux magistrats.

Il est encore à observer que, pour donner
ouverture à cette voie, il faut que la pluralité
relative se déclare contre l'accusé sur le *fait*

---

de Vaucluse; plusieurs écrivains l'ont relevé. M. Pasquier dans la Chambre des Députés, séance du 13 au
14 décembre 1817, en fit la remarque.

principal. Cependant c'est presque toujours d'une circonstance aggravante que partent les plus fortes peines , même la peine de mort : de manière que, si un vol, par exemple, a été reconnu par huit voix, et l'effraction par sept, il ne reste d'autre ressource à l'accusé que celle qui est indiquée par l'article 352.

Mais il s'en faut de beaucoup que cet article, qui renvoie à la prochaine session, quand les juges sont convaincus *unanimement* que le jury s'est trompé, soit un préservatif assuré contre les condamnations légèrement prononcées.

1°. Cette mesure *ne peut être ordonnée que d'office, et immédiatement après que la déclaration aura été prononcée publiquement,* sans qu'elle puisse être provoquée par l'accusé. Or, après que le chef du jury a fait la lecture de la déclaration, le ministère public donne de suite, sans désemparer, ses conclusions, qui sont aussitôt suivies de celles du défenseur. A moins donc que les juges, par un mouvement spontané et comme par une inspiration soudaine, ne se lèvent tous, et n'opinent *unanimement* pour le renvoi, quelle voie de salut reste-t-il au condamné?

2°. Rien d'aussi difficile que cette unanimité.

Tel juge qui, sur le fait, n'aurait pas voté affirmativement, peut blâmer la déclaration du jury, sans que pour cela il soit *convaincu* qu'elle est erronée.

Et c'est ce défaut d'unanimité qui, joint à la restriction mise à l'article 351, produisit un résultat déplorable dans une Cour d'assises.

Un homme était accusé d'avoir assassiné sa femme. Tous les doutes se portaient sur la préméditation : il paraissait à plusieurs que ce meurtre avait été le résultat d'une altercation violente, et d'un sentiment de jalousie que le mari avait conçu contre sa femme, non sans quelque fondement. La scène avait eu lieu, dans leur boutique, en plein jour; l'instrument meurtrier était une masse de bois: des cris, comme ceux de personnes qui se disputent, avaient été entendus des voisins : cependant la préméditation est admise par sept jurés contre cinq : les juges se rassemblent : tous sont d'avis que la préméditation n'est pas prouvée. Mais comme la déclaration du jury ne portait que sur une circonstance aggravante, qui était la préméditation, et non sur le *fait principal,* qui était l'homicide, la cour ne put faire usage de l'article 351, qui ordonne la réunion des votes. Il restait à examiner-si, en vertu de l'article 352 , on renverrait à la prochaine session. Mais, *un seul juge* n'étant pas *convaincu* que les jurés se fussent trompés au fond, le renvoi ne put pas avoir lieu, et la condamnation à mort fut prononcée. —Recours en cassation.—Mais la Cour suprême confirma l'arrêt, reconnaissant que les juges d'assises n'avaient pu faire usage ni de l'art. 351, parce qu'il n'était pas question du *fait principal,* ni de l'art. 352, parce que la conviction d'un seul juge avait manqué. Je m'abstiens de toute réflexion.

CHAPITRE VII.

S'il est avantageux que les jurés connaissent l'accusé.

On a beaucoup vanté l'avantage de donner à l'homme qui va subir un jugement criminel, des juges qui le connaissent, qui soient instruits de ses mœurs, de ses habitudes, de la sensation qu'il fait dans l'opinion publique, *afin qu'il puisse faire parler en sa faveur sa vie toute entière.* C'est là encore une chimère qui avait séduit nos constituans, et sur laquelle on n'ose plus insister : car la plupart des raisons qu'on avait fait valoir pour introduire l'institution, ne sont plus celles qu'on donne pour la maintenir ; les noms mêmes sont changés : on avait promis des *pairs*, on a donné des *jurés*; on vantait la simplicité élémentaire des questions, on y a substitué la complexité ; on avait d'abord exigé, pour la condamnation, que l'affirmation du jury fût donnée à la pluralité de dix voix contre deux ; on a essayé ensuite de l'unanimité, et enfin on est venu à la pluralité simple, dont on n'est pas plus content, puisqu'on parle d'en revenir à l'unanimité : rien n'était si beau que de rendre les juges des instrumens passifs, et de faire de l'application de la peine une opération matérielle ; il a fallu renoncer à cette chimère : on voulait enlever aux juges toute connaissance des faits ; on a été obligé de la leur faire partager, en certaines occasions, avec les jurés : de même il n'était question, dans les commencemens, de n'attribuer aux jurés que la connaissance des faits ; on a fini par y ajouter la connaissance des questions de droit.

Quant à la promesse de donner aux accusés des jurés de leur connaissance, elle ne s'est pas plus réalisée que tant d'autres. Puisqu'il n'y a qu'une cour d'assises par département, et c'est bien assez, comment est-il possible que, dans une population de deux cent mille habitans et souvent plus, la classe supérieure, qui donne le plus de jurés, connaisse tous les individus des dernières classes, qui fournissent le plus d'accusés? Je puis assurer, et je le sais par expérience, que si, parmi les douze jurés de jugement, il s'en trouve un qui ait entendu parler de l'accusé avant l'affaire, c'est beaucoup.

Et c'est là même un mal. Car n'est-il pas à craindre que ce juré n'ait trop d'influence sur ses collègues qui ne se méfient pas de lui, et sont bien aises d'en recevoir les renseignemens dont ils sont avides?

Ce juré est-il prévenu en faveur de l'accusé? est-il disposé à lui rendre service ; ou bien craint-il de s'en faire un ennemi dangereux? Il ne voudra ou n'osera communiquer tout ce qu'il sait à son désavantage, et préférera bien plutôt d'acquérir un titre à sa reconnaissance. Si au contraire il a à s'en plaindre ; si l'esprit de parti les divise ; s'il est lié avec le dénonciateur, quel danger ne court pas ce malheureux, qui voit au milieu de ses juges l'homme qui le connaît sous des rapports peu favorables? Il n'y a pas de milieu : il faudrait que l'accusé fût connu de tous les membres du jury, ou qu'il ne fût connu d'aucun d'eux.

J'ai vu condamner aux fers, pour vols commis avec effraction, huit malheureuses femmes, dont la moitié au moins n'était compromise que par quelques pans de rubans trouvés dans leurs nippes. Surpris de cette sévérité excessive que j'avais été bien loin de provoquer par mon réquisitoire, j'en demandai les raisons à un juré. Il m'apprit que ce qui avait entraîné la délibération, c'était l'assurance avec laquelle un de ses collègues habitant la même ville que les accusées, avait affirmé que ces femmes tenaient une mauvaise conduite; qu'elles étaient connues pour des voleuses, et que, depuis leur arrestation, il ne s'était plus fait de vols de cette espèce, dans la commune de leur résidence.

Une autre fois, j'ai déploré l'effet de la faveur et des considérations locales mises en avant par un seul juré. Une femme avait dressé ses enfans et leurs camarades à voler, et à lui rapporter les fruits de leurs rapines :

deux de ces jeunes gens furent condamnés à la réclusion. Mais celle qui les avait instruits dans le crime, ayant été recommandée par un des jurés, son compatriote, à l'indulgence de ses collègues, à cause des services qu'elle rendait, disait-il, *au pays* par son état de sage-femme, échappa à la punition, qu'elle méritait bien plus que ses élèves. Cette mégère empoisonna ensuite une femme son amie et sa bienfaitrice. Quels regrets! Cependant ce juré était un parfait honnête homme, et connaissait toute l'immoralité de sa protégée : quel argument contre l'institution du jury !

Verrait-on de ces choses-là dans un tribunal? les juges se connaissent entr'eux. Si l'un d'eux se laisse aller à des influences de patronage, de voisinage, de localités, ses liaisons sont connues : ses collègues se mettent en garde contre ses insinuations. Les juges ont bientôt pris, par l'usage des affaires, et l'abord des justiciables, un aperçu de l'état judiciaire du ressort, de l'esprit qui règne dans chaque localité, des vues qui dirigent les personnes qui y ont de l'influence. Le ministère public fournit sur chaque affaire les renseignemens précieux puisés dans sa correspondance : les officiers de police dont il importe si fort d'apprécier la véracité, pour savoir la foi qu'on doit ajouter à leurs rapports, sont connus; et si les magistrats restaient quelque temps fixes dans leurs places et qu'on ne les fît pas courir, comme les militaires, d'une résidence à une autre, ils se formeraient peu à peu, et par l'usage, une statistique morale de leur ressort, bien préférable à toutes celles qui ne nous présentent que des nomenclatures, des dénombremens et des chiffres. Tous ces moyens sont perdus pour les jurés qui ne voient rien au-delà de l'enceinte qui les renferme, et qui ne reçoivent le plus souvent que des avis intéressés.

CHAPITRE VIII.

Du Président des Assises.

MAIS, nous dit-on, la loi donne aux jurés pour chef, un magistrat rompu aux affaires, revêtu d'une grande influence, entouré d'un appareil imposant, investi du pouvoir discrétionnaire, qui signale aux jurés tous les écueils qu'ils ont à éviter, tous les devoirs qu'ils doivent remplir.

C'est fort bien, et on ne pouvait faire autrement. Quand on donne à un aveugle une route à parcourir, il faut bien lui donner un guide pour le conduire. Mais la question est de savoir s'il ne vaudrait pas mieux confier la commission à celui qui sait la remplir.

On redoute l'influence judiciaire, et on la concentre dans un magistrat unique, et dans l'occurrence la plus périlleuse. Cependant ce magistrat est pris dans un tribunal supérieur dont tous les membres sont appelés à remplir les mêmes fonctions. Si ce magistrat et ses collègues qui sont censés avoir la même capacité que lui, puisqu'ils sont désignés pour le remplacer, ont assez de talent et de moralité pour diriger les autres, pourquoi n'en auraient-ils pas assez pour se conduire eux-mêmes?

De deux choses l'une; ou ce président prendra sur lui-même, comme en Angleterre, de montrer du doigt aux jurés, le chemin qu'ils doivent suivre, et de *leur indiquer même le prononcé qu'ils doivent faire;* et alors son influence est dangereuse; autant

vaudrait-il le charger lui-même de prononcer; ou bien, il se contentera d'aider la
mémoire des jurés, et de leur tracer des
règles générales, sans en faire l'application;
et alors sa direction deviendra la plupart du
temps insuffisante; les jurés prendront sa retenue pour du doute, et la latitude qu'il
leur laissera, pour de l'arbitraire dont ils
peuvent user.

Et qu'on y prenne garde; il est dans le
cœur de l'homme de mettre plus d'importance, plus de scrupule dans la détermination
qu'il prend lui-même, que dans celle qu'il
conseille aux autres. La conscience de
l'homme n'est que le sentiment de sa propre
responsabilité morale. Plus cette responsabilité pèse sur son âme, plus il examine ce
qu'il a à faire, plus il tremble de se tromper.
Or, la déclaration sur le fait étant l'ouvrage
des jurés, le président sent sa responsabilité
allégée par la leur. Telle personne est per-
suadée que l'accusé est coupable, qui, si elle
était chargée d'articuler le fatal *oui*, y re-
garderait de plus près, et finirait peut-être
par dire *non*; et cela doit être ainsi pour la
plus grande garantie de l'accusé. Mais si cette
même personne est commise, non pour

juger, mais pour guider les juges, n'est-il pas
à craindre que le rapport qu'elle leur fera
ne prenne la teinte de son opinion, et que de
fortes probabilités, sortant de sa bouche em-
preintes des couleurs de l'évidence, ne produisent trop légèrement la conviction?

Le président des assises a d'autres dangers
à craindre, et dont sa prudence aura peine à
le garantir. Puisque le tempérament et le ca-.
ractère influent sur le jugement, il serait bon
que ce magistrat connût à quels jurés il a à
faire. A des hommes doux, indulgens et difficiles à persuader, il faut faire ressortir les charges de la procédure et les suites de l'impunité:
l'humeur sévère et le penchant à croire le
mal, exigent des précautions tout opposées.

Mais comment un magistrat étranger au
département où il vient tenir l'assise, peut-il
avoir ces données qui lui seraient nécessaires
pour utiliser sûrement la direction dont il est
chargé? N'est-il pas à craindre que, comptant
sur une disposition, il en provoque une
toute contraire, et qu'il n'amène, contre son
intention, un résultat qu'il sera le premier à
blâmer?

Et quel fond peut-on faire sur des esprits
battus par tous les vents? n'a-t-on pas vu

dans le cours d'une session, des jurés qui, ayant
manifesté dans une affaire trop d'indulgence,
ou de sévérité, ont passé, à la première occasion, d'une extrémité à l'autre? Il ne faut
pour les faire tomber dans cette versatilité,
que le sentiment d'une première faute, et le
regret d'avoir mal rempli leur tâche. Que
dans cette disposition, le sort les appelle une
seconde fois, ils se promettent bien de mieux
faire, et d'éviter la faute qu'ils se reprochent;
et c'est précisément cette préoccupation qui
les dévoie; ils tombent dans un excès pour en
éviter un autre, et commettent une injustice
par la raison qu'ils veulent être justes (1)

J'ai aussi remarqué que, sur la fin des

---

(1) Un jour, sortant ▓▓▓ palais, je rencontrai un
juré qui venait de ▓▓▓ p▓▓ une déclaration
beaucoup trop indulgente. Je ▓▓▓ témoignai mon
étonnement, et lui demandai les raisons qui l'avaient
induit en erreur. « C'est, me répondit-il, un tel juré
qui nous a fait faire cette sottise; je me suis déjà
aperçu du blâme qu'elle nous a attiré. Mais, soyez
tranquille, si le sort m'appelle de nouveau, vous pouvez être assuré que je traiterai les coquins de la belle
manière. » Prenez garde, lui dis-je; de ne pas faire
payer votre faute à quelqu'un qui sera moins coupable que celui que vous venez d'acquitter.

sessions, les jurés étant fatigués, ennuyés, impatiens d'en finir, n'apportent plus la même attention à l'examen des affaires; et alors, pour avoir plutôt fait, et dans la crainte de condamner trop légèrement, ils prennent le parti commode de déclarer qu'ils ne voient point de coupable. Avec ces variations, il ne sera jamais possible d'avoir une jurisprudence criminelle fixe, uniforme et régulatrice. On verra condamner aujourd'hui des accusés qui auraient été absous, s'ils avaient été jugés plus tôt ou plus tard.

CHAPITRE IX.

Ce qu'il faut penser de l'indulgence des J——s.

Les adversaires que je combats insistent à dire que, si les jurés errent quelquefois, c'est toujours en faveur des accusés. C'est, j'en conviens, le cas le plus ordinaire. Mais quel aveuglement de croire que l'innocence ne puisse jamais courir de risques avec le jury! Toutes les erreurs tenant aux mêmes causes, à l'irrectitude de l'esprit et à la faiblesse du cœur, pourquoi des êtres aussi faillibles ne pourront-ils pas se tromper dans un sens comme dans un autre? J'ai rapporté quelques traits bien propres à affaiblir cette sécurité; je pourrais en citer bien d'autres; mais je n'irai point fouiller dans les archives de nos cours criminelles, pour y chercher des exemples capables de porter la pitié et l'épouvante dans les âmes. Tout ce que je puis dire pour mon propre compte, c'est que, si j'ai la satisfaction de n'avoir vu condamner aucun innocent, dans les affaires où j'ai porté la parole pour le ministère public, et certes, si ce malheur me fût arrivé, je ne me le serais pardonné de la vie; j'aurais toujours craint qu'il n'y eût de ma faute, et il n'y aurait eu plus de repos pour moi; si, dis-je, je n'ai aucun reproche à me faire à cet égard, je puis assurer, sans vouloir trop affliger mes lecteurs, que j'ai vu quelquefois des preuves assez légères prêtes à être accueillies par les jurés; des coupables traités par les juges du fait, plus rigoureusement que n'auraient fait les juges du droit; des majorités simples présentées par les jurés et repoussées par les suffrages unanimes du tribunal : j'en ai assez vu pour me faire désirer ardemment, pour l'intérêt de la justice et surtout, je le dis dans la conviction de mon âme, pour l'intérêt des innocens, qu'un pareil ordre de choses éprouve une réformation (1).

Mais si, pour discréditer le régime du jury, il me répugne de chercher des exemples déplorables, j'en puis présenter du moins qui ménagent la sensibilité publique, parce que, si on y trouve des erreurs, on n'y voit pas du moins des victimes.

---

(1) M. Bourguignon, dans son deuxième Mémoire *sur les moyens de perfectionner le jury*, avoue que *le jury déclare souvent coupables des accusés que le tribunal n'aurait pas jugés tels* (pag. 83). M. Bexon, dans son *Développement des lois criminelles*, convient de même, malgré sa prévention pour le jury, qu'il y a eu *beaucoup de victimes de cette institution* (pag. 27); ce qu'il attribue à la partialité des journaux qui égarent l'opinion publique (pag. 29), et à l'influence de l'autorité (pag. 52). Mais des jurés qui se laissent diriger par des journaux et par l'autorité, sont-ils de bons juges? M. Bexon, qui avait présidé des Cours d'assises, nous apprend qu'il *a souvent appelé les adjoints pour sauver à des malheureux des châtimens injustes ou trop sévères, et éviter aux jurés des remords, et des regrets à la justice;* pag. 247.

Voici une note des décisions que j'ai re-
cueillies dans les papiers publics, ou dans
des rapports dont je puis garantir l'exactitude.

Arrêt de la cour de cassation qui casse celui
de la cour criminelle du Calvados, qui avait
condamné à la peine de mort le nommé Four-
ret, *sur une déclaration suspecte d'erreur.*
(*Gazette de France,* du 2 février 1809.)

Une femme, convaincue d'avoir assassiné
son mari, déclare qu'un jeune meûnier est son
complice : en conséquence il est enveloppé
dans la même accusation. Au moment de
l'exécution, la femme se rétracte, et soutient
que le meûnier est innocent : la commission
du gouvernement a suspendu l'exécution.
(*Gazette de France,* du 23 nivôse de l'an 10,
N° 1487.)

Le *Journal* dit *de l'Empire,* du 2 au 3
janvier 1809, rapporte un arrêt qui, sur de
faux témoignages, avait condamné des innocens qui ont obtenu leur grâce.

Julie Jacquemin, accusée d'avoir tenté
d'empoisonner la comtesse de Normont, et
condamnée à la peine capitale par arrêt de
la Cour d'assises de Paris, du 20 mai 1814,
est renvoyée à la Cour d'assises de Versailles
par cassation de l'arrêt, et acquittée à *l'una-*

nimité. (*Journal des Débats,* des 28 novembre 1814 et 31 mai 1816.)

Par arrêt de la Cour d'assises du Gard, dans la session du mois de février ou mars 1814, un huissier étant accusé d'avoir recélé un vol commis sur la grande route, et trouvé coupable à la majorité absolue, la Cour a déclaré, *à l'unanimité,* que les jurés s'étaient trompés au fond, et a renvoyé l'affaire aux assises suivantes, où il a été acquitté. (*Note particulière.*)

Hilaire Poumerac avait été condamné à six années de fers pour banqueroute frauduleuse, par arrêt de la Cour d'assises d'Aix, du 7 décembre 1814, rendu sur l'affirmation *unanime* du jury. Il obtint la cassation de cet arrêt et son renvoi devant la Cour d'assises de Vaucluse, où il a été déclaré, à la *même unanimité,* à la session d'octobre 1815, qu'il n'était coupable ni de banqueroute frauduleuse, ni même de banqueroute simple.

Thomas Faure, reconnu coupable par le jury du même département, d'avoir fait partie d'une réunion séditieuse, etc., fut renvoyé par les juges d'assises, *(convaincus unanimement de l'erreur du jury)* à la session suivante, où il fut acquitté. L'arrêt de renvoi est du 19 mars 1816.

La nommée Resilic, condamnée à mort par la Cour d'assises de Rennes, a été reconnue ensuite innocente, par la manifestation des faux témoignages, après la prononciation de l'arrêt; et on assure que le roi lui a accordé sa grâce. (*Journal de Rennes, Journal du Commerce*, du 15 mars 1818, N° 235.)

Les frères Verse, condamnés à mort comme coupables de plusieurs assassinats, par la Cour d'assises du Var, s'étaient pourvus en cassation, lorsque le nommé Pousi, condamné à la même peine avec six autres brigands, pour crime d'assassinat, au moment de monter à l'échafaud, s'est déclaré l'auteur de l'un des crimes imputés aux frères Verse, et a fait connaître ses complices, dont l'un, arrêté d'après sa révélation, l'a confirmée. Les frères Verse ont vu tomber leurs fers; et l'on se plaît à proclamer leur innocence. (*Le Courrier* du 8 décembre 1819, N° 171.)

On connaît l'affaire de Caroline Leuth. Elle était accusée d'avoir tenté de tuer le sieur Delacourt, à sa sollicitation et sur ses instances, en lui donnant un coup de bistouri. Quoique l'avocat-général eût pensé que cette *tentative n'offrait pas de caractère d'intention assez précis pour motiver une con-*

damnation, le jury l'a déclarée coupable d'avoir fait une blessure dont il était résulté une maladie de plus de vingt jours; et elle a été condamnée à dix années de réclusion et au carcan. (*Arrêt de la Cour d'assises de la Seine*, du 16 juillet 1816.)

Le dernier exemple, à ma connaissance, qui prouve combien la faillibilité du jury peut être fatale à l'accusé, c'est l'affaire de Bardoux. Condamné à mort par suite d'une première déclaration, il a été reconnu non coupable, à l'*unanimité*, après cassation, par un second jury. L'arrêt est du 27 février 1820 (1).

N'est-ce pas quelque chose de déplorable, que l'honneur et la vie des citoyens dépendent d'un moyen de forme, et de voir, sur un même fait, deux unanimités contraires?

----

(1) Il y a encore l'arrêt rendu par la Cour d'assises de la Gironde qui condamne, sur déclaration de jury, Alexandre Lafitte et son épouse, à cinq années de travaux forcés, pour blessures qui avaient occasionné une maladie de plus de vingt jours. Les condamnés, ayant obtenu la cassation de l'arrêt, ont été renvoyés à la Cour d'assises de la Dordogne, où ils ont été acquittés. *Le Drapeau blanc* du 24 juillet 1820.

Que ce soient les premiers jurés ou les seconds qui se soient trompés, toujours est-il vrai que les uns ou les autres ont donné dans d'étranges erreurs.

CHAPITRE X.

Preuves matérielles que les jurés sont plus sévères dans leurs résultats que les juges.

Mais qu'est-il besoin de rapporter des faits, quand j'ai en mains des preuves matérielles?

M. Bourguignon, pour disculper les jurés du reproche d'indulgence, a fait la comparaison des jugemens rendus avec l'intervention du jury par le tribunal de la Seine, avec ceux émanés du tribunal spécial du même département; et il résulte de ce rapprochement, que le jury n'a fait absoudre qu'un quart des accusés soumis à ses déclarations; tandis que le tribunal spécial a acquitté plus d'un tiers de ceux qu'il a jugés (1).

____

(1) Voyez son second Mémoire *sur le perfectionnement du jury.*

J'ai fait moi-même le même travail sur les jugemens du tribunal criminel de Vaucluse, qui, pendant long-temps, a jugé sans le concours des jurés, soit en cour spéciale, soit pendant la suspension du jury.

Voici le résultat de cette comparaison :

Depuis le mois de janvier 1803, jusqu'au 23 août 1815, il a été jugé par ce tribunal trois cent quatre-vingt-douze individus, moitié avec l'intervention du jury, et moitié sans cette intervention.

Sur 196 personnes jugées avec jurés, 78 ont été acquittées, 34 condamnées à des peines correctionnelles, et 84 à des peines afflictives et infamantes.

Sur le même nombre de 196 personnes jugées sans jurés, 94 ont été acquittées, 24 condamnées en police correctionnelle, et 78 à des peines afflictives(1)·

____

(1) Il faut observer que parmi les personnes condamnées, sans jury, à des peines afflictives, il y en a eu 39 qui l'ont été par le tribunal mêlé de militaires qui, naturellement, sont portés à plus de sévérité que les juges civils. De plus, le tribunal de Vaucluse qui, pendant la suspension du jury, prononçait sur l'accusation, devait être porté à ne renvoyer pardevant lui que les

De sorte que le jury de Vaucluse a produit de moins que le tribunal jugeant seul, seize acquittemens; et de plus que le tribunal, dix condamnations à peines afflictives, et dix à des peines correctionnelles.

Il faut que M. le garde-des-sceaux ait pressenti ces rapprochemens, puisque, dans la séance de la chambre des députés du 26 avril 1819, il a combattu, de cette manière, le reproche d'indulgence fait aux jurés.

« Ne croyez pas, Messieurs, à l'indulgence » excessive des jurés. J'oppose à ce qu'on dit » de cette prétendue indulgence, le tableau » de toutes les décisions que rendent en » France, depuis l'introduction du jury parmi » nous, et les juges et les jurés, et je déclare,

---

affaires où il était probable qu'il y aurait condamnation, et à se débarrasser, par la mise hors d'accusation, de toutes celles qui ne présentaient pas de fortes charges. Ce qui fait ressortir encore davantage l'indulgence, ou plutôt l'équité avec laquelle ce tribunal rendait des jugemens définitifs, puisque, ne jugeant que des affaires déjà préjugées contre les accusés, et avec des juges dont plus de la moitié savait mieux manier l'épée que tenir la balance, il a cependant rendu moins de jugemens sévères, que les juges n'en prononcent sur déclaration de jury.

» peut-être contre l'opinion de beaucoup de
» personnes, mais avec la certitude des faits,
» que c'est dans les décisions des jurés qu'on
» trouve le plus de sévérité. J'invite les per-
» sonnes qui ont des doutes sur ce point, à
» consulter les magistrats qui ont comparé le
» plus assidûment les décisions des juges et
» les décisions des jurés. »

Mais, je tire de ce contraste une conséquence différente de celle déduite par M. Bourguignon, et je récuse les jurés et comme trop indulgens, et comme trop sévères. Je m'explique.

Il est impossible de contester une vérité qui est écrite dans le cœur humain, et qui est démontrée par l'expérience; c'est que les personnes qui ne sont appelées que par occasion à siéger sur un tribunal criminel, sont portées naturellement, à moins que des causes accidentelles ne contrarient cette disposition, à user d'indulgence envers les accusés. C'est même la raison qui les a fait préférer à des juges habitués et rompus aux affaires. Les doutes et les scrupules plus communs dans des esprits dénués d'instruction et d'expérience, une sensibilité qui n'est pas émoussée, un penchant à rendre service qui n'est contrebalancé que par la faible considération de l'intérêt public, l'absence de toute responsabilité même morale, la vue d'un malheureux et de sa famille en larmes, établissent cette disposition bénévole, poussée quelquefois jusqu'à la pusillanimité.

D'où vient donc qu'avec cette tendance de l'homme qui le porte à la modération, les jurés rendent plus de décisions sévères que les juges? Comment une cause constante produit-elle des effets tout contraires à sa nature? pourquoi indulgens par caractère, les jurés sont-ils sévères par leurs résultats? C'est là un problème judiciaire, qu'il est plus facile de saisir soi-même. que de rendre sensible aux autres. Je vais cependant tâcher d'en faire comprendre la solution.

Il est certain que, si aucune cause ne contrariait celle que nous avons remarquée dans le tempérament des jurés, cette cause produirait infailliblement et toujours son effet. Cependant le contraire arrive. Il faut donc qu'il y ait une raison de cette différence; il faut qu'il existe un agent secret qui croise et affaiblisse le mouvement de la nature. Je crois avoir découvert cet agent secret, et n'avoir besoin, pour le signaler, que de recourir à mes principes. *

On doit se rappeler que, dans le chapitre v du livre iv, j'ai prouvé jusqu'à l'évidence, que la division des questions est préjudiciable à l'accusé, parce que les voix favorables sur le fait ne peuvent se réunir à celles qui sont favorables sur le droit, au lieu que cette réunion se fait naturellement dans le système cumulatif. Or, si la division du fait d'avec le droit qui est de l'essence de l'institution juratoire est défavorable à l'accusé; si elle le prive des chances que la cumulation lui donnerait, devons-nous être surpris que l'intervention du jury amène plus de jugemens sévères, que la confusion du fait avec le droit, remise dans les mêmes mains?

Une autre cause de cette différence et qui dérive toujours du système divisoire, c'est que les jurés, ne prévoyant pas le résultat de leurs déclarations, et la loi leur en faisant même une défense expresse. ils doivent naturellement être portés à ne voir dans la réponse qu'on leur demande, qu'un calcul de probabilité, qu'une simple opération de l'esprit, dans laquelle les considérations d'équité ne peuvent avoir le même poids qu'auprès des juges qui prononcent en même temps et sur le fait et sur le droit, tempérant l'un par l'autre, et, par une sage conciliation, se rendant indulgens sur le fait, lorsqu'ils craignent la sévérité de la peine, et se relâchant sur l'application de la peine, lorsqu'ils ont jugé sévèrement le fait.

Je sais qu'il y a des jurés qui, voulant secouer le joug que la loi leur impose, et en prévenir les mauvais effets, s'ingèrent dans les fonctions des juges, et tâchent d'assortir leurs déclarations à la peine qu'ils pensent, dans leur conscience, être proportionnée au délit : mais, outre que tous les jurés n'ont pas la même hardiesse, et qu'il y en a qui, scrupuleux observateurs de la loi, ne se mêlent que de ce qui les regarde, il arrive quelquefois, comme je l'ai observé, que, voulant faire les jurisconsultes, les jurés se trompent dans des combinaisons qui ne leur sont pas familières, et amènent un résultat différent de celui qui était dans leur intention.

Il est une source bien moins pure du contraste que nous avons remarqué, M. Bourguignon et moi.

Il est incontestable que les juges sont moins sujets à l'erreur que les jurés : les études

qu'ils ont faites, l'habitude qu'ils ont des affaires, doivent leur donner en aptitude une
supériorité sur des hommes qui ne jugent
qu'une fois au plus par an.

Or, si ceux-ci se trompent plus communément à l'avantage de l'accusé, il doit arriver aussi
qu'ils se trompent quelquefois à leur préjudice.

Il faut donc compenser la chance favorable
qui naît pour l'accusé de la propension des
jurés à l'indulgence, avec la chance contraire
qui prend sa source dans leur faillibilité.

Mais la société peut-elle s'accommoder
d'une pareille compensation ? et l'innocent
qui se voit sacrifié par une erreur fatale, se
consolera-t-il, parce qu'un coupable devra
son absolution à l'indulgence ?

Si on compare encore la fermeté de caractère d'un juge avec celle d'un juré, si l'on
considère l'influence qu'ont sur celui-ci, plus
que sur l'autre, l'esprit de parti, la défaveur
populaire, tous les antécédens qui peuvent
rendre un accusé odieux à la multitude, on
sera encore moins étonné de la supériorité
numérique que présentent les jugemens sévères intervenus avec assistance du jury, sur
les jugemens rendus par les juges cumulant le
fait et le droit.

On ne peut donc attribuer cet excédent qu'au système divisoire, aux erreurs et aux préventions dont les jurés, qui ne prononcent que sur le fait, sont plus susceptibles, que les juges prononçant et sur le fait et sur le droit.

Tels sont les effets moraux de l'institution nouvelle : examinons-en à présent le mécanisme.

CHAPITRE XI.

Complexité des questions.

Le Code de brumaire, dans le but de rendre le travail plus facile aux jurés, réduisit aux élémens les plus simples, en apparence, et les plus compliqués, en réalité, l'objet de leurs délibérations. Il écarta de leur examen toute complexité, et subdivisa à cet effet, en autant de questions, toutes les circonstances principales, subsidiaires et accessoires du fait. Rien ne parut plus beau que cette théorie, et on crut avoir perfectionné les législations grecque, romaine et anglaise.

On sait ce qui résulta de cette métaphy-

sique , et toutes les absurdités , contra-
dictions et inconséquences qui sortirent de
cette nuée de questions, que nous avons vu
s'élever jusqu'à *dix, vingt, et même jusqu'à
trente mille* (1).

Il fallut remédier à cette confusion, et, dans
cette vue, le nouveau Code d'instruction criminelle réduisit à une question unique, toutes
les circonstances résultant de l'acte d'accusation ou des débats. L'accusé est-il coupable
d'avoir commis tel crime, avec toutes les circonstances comprises dans l'acte d'accusation ? Voilà la seule demande que l'article 337
charge le président de faire aux jurés.

Voyons si cette troisième loi, car le Code
de brumaire était la seconde, atteint mieux
le but.

Vous me demandez, (c'est le langage qu'un
juré raisonneur pourrait tenir au président
des assises;) vous me demandez si un tel est
coupable d'un meurtre, avec la circonstance
de la préméditation. Mais , si je pense qu'il a

---

(1) Compte rendu par le grand juge, en l'an 11 ;
(*Journal des débats* du 19 décembre 1817. M. Granger, *idées des abus en justice criminelle.*

commis le meurtre sans préméditation, ne suis-je pas en règle, en répondant, non? car, ne sera-t-il pas vrai à mes yeux qu'il n'est point coupable d'un *meurtre prémédité?* Ne suffit-il pas, pour qu'une proposition soit fausse et doive être rejetée, qu'elle pèche par quelque accessoire? Si on demande à un chrétien, Dieu a-t-il révélé la religion mahométane? sera-t-il hérétique en répondant, non, quoique Dieu ait révélé une religion, mais qui n'est pas celle de Mahomet? Vous voulez que je dise oui sur le meurtre, et non sur la préméditation; que ne me faites-vous donc deux demandes, la première, si l'accusé a commis un meurtre, et la seconde, s'il a agi avec préméditation : mais, tant que vous ne me présenterez, dans un seul contexte, qu'une proposition unique, je m'en tiendrai à la négative, tant que l'affirmative paraîtra blesser ma raison.

Si cette complexité est captieuse, elle est souvent inintelligible pour beaucoup de gens. Demandez aux jurés, par exemple, si tel est coupable *d'un vol fait de nuit, dans une maison habitée, avec escalade, effraction, fausses clefs,* et avec *le concours de plusieurs personnes armées ;* ils ne sauront plus où ils en sont. Les uns admettent la circonstance de la nuit, et rejettent celle de l'habitation; les autres sont pour l'escalade, l'effraction, et contre les fausses clés; ceux-ci enfin voient plusieurs personnes coopérant au vol, mais ne conviennent point qu'elles fussent armées. Puisque les jurés ne sont pas d'accord, il faut en venir aux opinions sur chaque circonstance : mais, comment s'y prendre? Comment débrouiller cette confusion? Comment diviser ce qui a été réuni? Celui qui a rejeté la culpabilité principale, doit-il opiner sur les questions subséquentes ? Les circonstances s'excluent-elles ou s'enchaînent-elles, les unes avec les autres? Comment composer une déclaration avec des élémens si discordans? On a beau appeler le président, et lui demander des explications; s'il est scrupuleux, il craindra d'influencer la délibération; s'il ne l'est pas, ou si l'intérêt public l'emporte, comme c'est l'ordinaire, sur sa délicatesse, ce sera lui qui sera juge.

Cette complexité de questions produisit, en 1813, dans le département de Vaucluse, un acquittement scandaleux. Une fille publique, *Rose-Dalma*, je puis la nommer, sans craindre de porter tort à sa réputation, déjà connue pour avoir commis différens vols, fut accusée d'avoir assassiné l'homme qui l'entretenait, et de lui avoir enlevé ses bijoux. Les plus fortes charges pesaient sur elle, et si on pouvait former quelque doute sur l'accusation d'assassinat, il n'y en avait point sur le chef relatif au vol, et encore moins, sur le recélé, les objets volés ayant été trouvés chez elle avec tous les signes de la clandestinité. Mais, comme la position des questions parlait de meurtre, de préméditation, de vol fait avec effraction, de fausses clefs, de recélé fait sciemment, et avec connaissance de l'assassinat qui l'avait précédé, les jurés n'y entendirent rien : ils se débattirent pendant long-temps, et finirent, pour se tirer d'embarras, par répondre négativement, au moment où le défenseur venait me confier que sa cliente serait contente si elle n'était condamnée qu'aux fers.

Les abus de la complexité se sont tellement fait sentir, que la cour de cassation tolère que les juges divisent le fait en plus d'une question; ce qui, outre qu'on ne peut pas dire qu'une loi soit bonne, lorsqu'on est obligé de s'en écarter, pourrait nous faire rétrograder vers les inconvéniens de la divisibilité.

Un autre abus de la complexité, c'est la complication du droit avec le fait, qu'elle produit nécessairement. Les lois précédentes avaient borné l'examen des jurés aux faits matériels. Mais à présent qu'on leur demande si l'accusé est coupable, il faut bien qu'ils examinent si les faits qu'on lui impute, constituent la culpabilité, c'est-à-dire, s'ils sont criminels, c'est-à-dire encore, s'ils sont défendus par la loi; car il n'y a que les actions qu'elle prohibe qui soient criminelles : et cela se voit bien clairement dans les débats sur les délits de la presse, où il ne s'agit guère de savoir si l'accusé est l'auteur du livre dénoncé, mais d'examiner si les phrases qui s'y trouvent, établissent une calomnie, une provocation, etc., et par conséquent de savoir quels sont les caractères de ces délits : ce qui est une véritable question de droit, dont la solution n'est pas à la portée de cette foule d'individus appelés à la résoudre.

CHAPITRE XII.

Simplicité du Code pénal.

Ces combinaisons subtiles, ces accusations compliquées sont au-dessus de l'intelligence ordinaire : et ici on ne peut s'empêcher de reconnaître que la pratique du jury ne peut s'adapter qu'à un Code criminel de la plus grande simplicité. A l'homme que vous allez tirer de son atelier pour le faire juge, il ne faut présenter qu'un objet, qu'un seul fait, qu'une question simple. Si vous décomposez l'accusation, vous en rendez les linéamens imperceptibles ; si vous n'en formez qu'un faisceau, il sera difficile à des mains maladroites d'en rien détacher.

C'est donc une contradiction bien palpable, dans nos nouveaux législateurs, d'avoir voulu amalgamer l'institution du jury avec un Code pénal si étendu ; Code qui entre dans les plus petits détails, trace les nuances les plus imperceptibles, et, par une multitude de circonstances principales ou subsidiaires , connexes ou exclusives, aggravantes ou atténuantes , jette le trouble et le désordre dans des organes faibles et peu exercés.

Il faut donc, avec le jury, renoncer à des rouages que le moindre choc détraque, ou réduire le Code criminel à des élémens simples, à quelques articles fondamentaux , afin que les questions soumises soient aussi faciles à saisir qu'à résoudre.

Mais alors, on le sent bien, il faut abandonner, comme une chose incompatible avec
le nouveau système, cette perfectibilité de la
législation criminelle, cette juste proportion
des peines, réclamée depuis si long-temps
par les amis de l'humanité, qui règle la
mesure de la punition sur le degré de la criminalité, qui envisage les faits sous toutes
les faces, sous tous les rapports, et qui excuse, corrige ou châtie, suivant que l'action
suppose plus ou moins de méchanceté, suivant le dommage causé à la partie lésée, et
l'atteinte portée à l'ordre public.

On ne peut donc conserver notre Code pénal qu'avec des juges décidant sans division
les questions de fait et de droit. Et même,
dans ce cas, si on voulait atteindre l'exacte proportion des peines, on devrait étendre la latitude qui est donnée aux juges. Car la loi ne
peut tout prévoir; et il s'en faudrait de beaucoup qu'avec le Code actuel, les juges n'eussent,
malgré sa prolixité, qu'une application litté-
rale à faire. Il est impossible que le législateur puisse tracer toutes les nuances qui,
dans les affaires criminelles, ressortent des
différences d'âge, de tempérament, de sexe,
d'intelligence, de fortune, d'état, de provo-

cation, de moralité, de réputation, et de tous
les antécédens qui peuvent affaiblir ou aggra-
ver une action. Un jeune homme est excu-
sable à seize ans : mais s'il a un jour de plus,
faudra-t-il le traiter comme un homme de
trente ans? s'il a un jour de moins, sera-t-il
excusé comme un enfant de cinq ans? Le rapt
de séduction d'une fille mineure de vingt-un
ans est puni de la réclusion : si elle a un jour
de plus, faut-il acquitter le ravisseur? Oui, dit
le Code pénal. Si elle a un jour de moins,
faut-il le condamner? Oui, s'il faut s'en tenir
strictement au même Code. Ainsi, une différence de vingt-quatre heures rend un homme
innocent ou coupable.

La complicité offre encore bien plus de nuances que l'acte principal. La provocation verbale
ne devient complicité que lorsqu'elle a lieu
par *dons, promesses ou menaces*. Mais si un
père *conseille* à son fils d'assassiner un ennemi
de sa famille, et si ce fils cède à l'ascendant
paternel, le père sera-t-il à l'abri de la peine?
Oui, disent les criminalistes, parce qu'il n'a
pas usé de *dons, promesses* ou *menaces*.
Celui qui, pour engager quelqu'un à commettre un crime, n'a employé que la *promesse* de sa protection, ou la *menace* de son

inimitié, doit-il être traité aussi sévèrement que le scélérat qui a salarié des sicaires, ou qui a menacé de la mort celui qui refusait de la donner? Nul doute, d'après le Code, répondent encore les criminalistes : ayant tous les deux provoqué au crime par des *dons* ou des *menaces*, ils sont complices ; et il ne peut y avoir entre eux d'autre différence pénale que celle que permet la faible latitude accordée aux juges. Et si le second, avec son or et ses terribles menaces, n'a pu trouver un assassin, malgré qu'il ait multiplié ses provocations homicides, sera-t-il exempt de la peine? L'affirmative n'est point douteuse, parce que là où il n'y a pas d'*auteur*, il ne peut y avoir de *complice*.

Il est bien d'autres circonstances qui rendent plus ou moins coupable l'auteur ou le complice d'un crime. La supposition en serait infinie ; et il n'est aucun juge exercé dans la pratique criminelle, qui ne se rappelle diverses conjonctures où la justice s'est trouvée dans la fâcheuse alternative, d'acquitter un accusé, pour ne pas le condamner trop sévèrement, ou de le condamner trop sévèrement, pour ne pas l'acquitter : inconvénient inévitable dans l'institution du jury,

à qui toute modification pénale est inter-
dite, et qui ne pourrait s'occuper, sans
confusion, de cette variété infinie de circonstances (1).

Il résulte de tout ce que je viens de dire,
qu'à ne considérer que l'institution du jury,
le Code criminel ne saurait être trop précis
et trop resserré, et qu'à considérer la proportion des peines, il ne peut être trop étendu.
Mais tout est concilié, si, en cumulant la
question de fait avec celle de droit, on donne
aux juges chargés de prononcer une latitude
qui supplée aux lacunes et au silence de la loi.

---

(1) Filangieri, *Science de la législation*, chap. 12,
et Bentham, *Traité de la législation civile et pénale*,
chap. 9, section 2, pensent que la valeur de la peine
doit être mesurée sur son intensité, c'est-à-dire sur
la manière dont on croit que le coupable en sera af-
fecté. *L'égalité de la peine*, dit le premier, *serait
une véritable inégalité ;* rien de plus faux, dit le
second, que cet adage, *mêmes peines pour les mêmes
délits.* Or, comment fixer tous les degrés de cette
intensité de peine, avec le cercle étroit tracé autour
des jurés et des juges ?

CHAPITRE XIII.

De l'esprit de classe et de profession.

AUTRE inconvénient : on avait promis aux accusés de leur donner pour juges leurs pairs, c'est-à-dire leurs pareils : a-t-on bien tenu cette promesse, en faisant juger un journalier par un propriétaire, un ouvrier par un fabricant, un bourgeois par un noble, un prêtre par un acteur, peut-être? Changez les rôles, et le contraste sera encore plus frappant. Est-ce-là remplir le but de l'institution? Ne voit-on pas d'inconvénient dans l'esprit de classe, dans la jalousie, ou la fraternité des conditions? On a beau confondre les rangs; les liens moraux qui les rapprochént, la démarcation qui les sépare dans l'opinion, se feront toujours sentir. J'ai vu acquitter un homme qui avait tué de guet-à-pens un voleur de fruits qu'il avait laissé monter sur l'arbre, pour ne pas manquer son coup : il fut absous, parce que l'esprit de propriété dominait dans le jury. De même un négociant-noble, évidemment coupable à l'évidence de banqueroute frauduleuse, et qui, sur une déclaration unanime du jury, avait été condamné , par un premier arrêt dont il avait obtenu la cassation, fut, aux assises où il fut renvoyé, déclaré non coupable, par ses véritables pairs, qui n'avaient pu supporter l'idée qu'un homme de leur caste fût déshonoré. J'ai remarqué, dans beaucoup d'occasions, que la conformité ou l'opposition des rapports entre les jurés et l'accusé, n'était point étrangère aux déterminations des jurés, sans même qu'ils s'aperçussent des impressions qu'ils en recevaient.

Un juge, au contraire, ne tient à aucune profession ; il est supérieur à toutes, n'en envie aucune, n'en craint aucune; et toutes les différences sociales disparaissent devant lui.

CHAPITRE XIV.

De la longueur des procès.

La longueur des procès et la précipitation avec laquelle on est souvent obligé de les expédier, à l'époque périodique des assises, sont encore des inconvéniens inséparables de l'institution du jury.

Un tribunal permanent juge les affaires, aussitôt qu'elles sont prêtes. Avec le jury, on doit attendre qu'il soit rassemblé; ce qui n'a lieu que tous les trimestres. Si la procédure arrive au moment où la session est close, voilà trois mois de perdus : il y a encore trois mois de perdus, si l'affaire est renvoyée à la prochaine session, dans les cas des articles 551 et 554 du Code pénal. La procédure arrive-t-elle pendant la tenue des assises? il faut, pour que l'affaire y soit portée, que l'accusé et le procureur du roi y consentent. Ils y consentent, il est vrai, le plus souvent, parce que l'un est impatient de mettre un terme à ses souffrances, et que l'autre se fait une peine de les prolonger. Mais il en résulte une précipitation, qui peut compromettre souvent, soit les moyens de la défense, soit ceux de l'accusation, surtout avec l'impatience où sont les jurés d'être délivrés de leur tâche, et de rentrer dans leurs foyers.

On gagnerait un temps précieux; on mettrait plus de calme, plus de maturité dans l'examen, si les jugemens criminels étaient confiés à des juges toujours réunis pour rendre la justice.

Dans l'état actuel des choses, j'évalue, par approximation, que les procès criminels doivent durer, l'un portant l'autre, de huit à

neuf mois. Mais si les tribunaux n'étaient
pas obligés, pour expédier les affaires, d'attendre la convocation périodique du jury,
j'estime qu'on économiserait au moins le tiers
de ce temps. On en économiserait bien davantage, si, au lieu d'envoyer la procédure à
la Cour royale, la mise en accusation était confiée au tribunal de première instance; et par-là
on éviterait l'inconvenance de voir des juges
d'appel se rendre accusateurs devant un tribunal qui porte, il est vrai, le nom de Cour, mais
qui n'est composé, en grande partie, que de
juges subalternes, à qui la prééminence des
accusateurs pourrait en imposer. Il répugne
à la raison et à l'équité de voir que le supérieur accuse devant l'inférieur, et que le
procureur-général qui a requis la mise en
accusation du prévenu, charge son substitut
d'en poursuivre la condamnation.

Je crois qu'avec cette double réforme, on
pourrait juger un procès criminel dans trois
mois. Quel avantage cette accélération ne
donnerait-elle pas aux accusés et à la société
entière! on ne conçoit pas toutes les angoisses
que fait éprouver à un prisonnier l'attente
de son sort. S'il est innocent, quelle cruauté!
s'il est coupable, pourquoi lui infliger une

double peine? pourquoi laisser affaiblir l'effet de l'exemple? Quand la peine suit de
près le crime, l'un et l'autre s'identifient dans
les esprits, et paraissent inséparables. Les
méchans tremblent, et les bons se rassurent.
Mais quand la punition se fait trop long-
temps attendre, ceux-là commencent à se
rassurer, et ceux-ci à se méfier de la justice;
l'indignation se refroidit, la pitié la remplace,
on oublie le coupable; et les témoins du supplice, se rappelant à peine la cause de la condamnation, sont disposés à plus ne voir
qu'une victime.

Il y aurait bien d'autres objections à faire
contre le système du jury : je ne m'en per-
mettrai plus qu'une.

CHAPITRE XV.

Des dommages et intérêts.

Dans le cas où la déclaration du jury est négative, les tribunaux sont tenus, non-seulement
d'absoudre l'accusé, mais encore d'examiner
s'il y a lieu de lui accorder, sur sa demande,
des dommages et intérêts, et d'en faire l'éva-
luation. Mais comme dans ce dernier cas,

le ministère des juges est entièrement libre,
il est arrivé qu'ils ont rejeté la demande en
réparations civiles, de l'accusé absous, même
dans le cas où, en supposant juste la décision
du jury, il en résultait que la plainte était
évidemment calomnieuse, comme dans le
cas d'une écriture privée déniée par le plai-
gnant, arguée de faux par lui, et admise,
comme vraie, par le jury; où lorsque l'absolution porte sur un assassinat imputé à l'accusé par le dénonciateur qui soutient l'avoir
reconnu au moment où il a été attaqué. Mais
les juges, convaincus de l'erreur du jury et de
la culpabilité de l'accusé, quoiqu'absous, ne
veulent pas ajouter injustice à injustice, et
récompenser, pour surcroît d'infamie, un assassin fier de son impunité. On se rappelle la
fameuse affaire de Reinier et Michel, où l'on
vit une pièce reconnue non fausse par le jury,
rejetée par les tribunaux civils. Voilà ce qui
arrive lorsqu'on veut séparer des questions
connexes et dépendantes les unes des autres.

Mais, si les accusés absous ont à souffrir de
l'insuffisance de la loi, les plaignans ont bien
plus encore à s'en plaindre. Je ne rapporterai
en preuve que deux hypothèses, parmi tant
d'autres.

Un vol a été commis : celui qui en est accusé, et qui se trouve nanti des effets volés,
convient de leur soustraction; mais il soutient
qu'il les a achetés de bonne foi d'un passant
qu'il ne connaît pas. Le jury, admettant ce
moyen de défense, prononce qu'il est *non
coupable*. Cependant il y a une partie civile
qui réclame la restitution des effets volés, ou
leur valeur, s'ils n'existent plus. Cette demande,
devant un tribunal civil, n'aurait pas souffert
la moindre difficulté, parce qu'il n'y a que la
vente faite au marché ou en foire qui mette
l'acheteur d'un objet volé à l'abri de la restitution. Mais, en cour d'assises, un accusé
déclaré *non coupable* ne pouvant être condamné même à des réparations civiles, sur
un fait non reconnu par le jury, les juges
voient un propriétaire dépouillé, sans pouvoir
lui faire rendre ce qui lui appartient.

Le second exemple de cette impuissance,
c'est celui d'un dommage que l'acte d'accusation dit avoir été l'effet de la violence : mais,
les jurés ne voyant pas de violence, quoique
convaincus qu'il y a eu imprudence ou négligence grave, sont obligés de proclamer
la *non culpabilité*; ce qui met les juges dans
l'impossibilité d'accorder des dommages-

intérêts à la partie lésée, quoiqu'ils soient dus par la loi qui soumet l'auteur d'un dommage à le réparer, lorsqu'il y a eu de sa faute.

Tous ces inconvéniens ont été la plupart sentis par nos adversaires. Mais, au lieu d'ouvrir les yeux et de revenir de leurs erreurs, ils ne nous bercent que des remèdes qu'ils veulent appliquer à un mal incurable. On en compose depuis trente ans, et c'est toujours à recommencer. Ah! s'ils veulent être utiles à leur patrie, qu'ils cherchent des remèdes, à cette haine de toute supériorité légale qui blesse leur amour propre, et leur fait préférer une autorité *invisible,* quelque impuissante qu'elle soit, à l'appareil d'une magistrature protectrice. Voilà la plaie la plus sanglante que nous ait faite la révolution. C'est là qu'il faudrait porter la sonde et le scalpel. Nous voulons être protégés, et nous ne voulons pas de protecteurs; nous appelons la liberté, et nous en rejetons les garanties; on réclame une bonne justice, et on ne veut pas la confier à de bons juges.

CHAPITRE XVI.

Impuissance des corrections.

Je ne m'attacherai pas à montrer l'impuissance de tous les correctifs avec lesquels on se flatte d'améliorer l'état actuel de notre législation criminelle. Si le principe est vicieux, qu'est-il besoin d'en éplucher toutes les conséquences? Si trois Codes successifs, outre plusieurs réglemens travaillés par les meilleures têtes, n'ont produit que des épreuves malheureuses, que pouvons-nous attendre de tous ces manœuvres en législation, qui veulent réparer un édifice, lorsque ce qu'il y aurait de mieux à faire serait de le mettre à bas.

Cependant je ne veux pas passer sous silence les améliorations proposées par un des plus habiles apologistes du jury, par un savant magistrat, qui a le mieux approfondi cette matière et s'est approché le plus près de la source du mal, quoiqu'il l'ait méconnue. C'est de M. Bourguignon que je veux parler. Il ne s'est point dissimulé les inconvéniens de la pratique qu'il justifie, et auxquels il croit pouvoir remédier par les réformes suivantes (1).

1° Permettre à la Cour d'assises, quand une affaire est trop compliquée par la multiplicité des faits, des témoins et des accusés, d'en diviser les débats et la délibération.

Inconvéniens : ce serait désunir ce qui est indivisible, faire perdre le fil de l'ensemble, multiplier les frais et les embarras, et s'exposer à voir, à la reprise de l'affaire, l'état de l'accusation, changer de face. Pour remédier à cet inconvénient, M. Bourguignon propose de laisser aux jurés la faculté de revenir sur leurs précédentes déclarations, *si les suites des débats les faisaient changer d'opinion.* Est-ce un excellent moyen de simplifier les affaires, de soulager l'attention et d'économiser le temps, que de diviser l'accusation en plusieurs procès, l'instruction en débats séparés, et le jugement en résolutions détachées et *provisoires,* qui ne deviennent définitives que par la dernière?

2° Interdire toute plaidoirie après l'audition des témoins.

----

(1) Voyez son Mémoire *sur le perfectionnement du jury.*

Inconvéniens : cette mesure blesserait le droit de la défense naturelle, et choquerait la générosité des mœurs françaises.

3° Ne donner connaissance de la procédure aux accusés que par une simple lecture.

Inconvéniens : autant vaudrait-il rétablir le secret des procédures. Comment un accusé, troublé par sa position et avec une mémoire ordinaire, pourra-t-il retenir par le seul organe de l'ouïe, toutes les charges d'un long procès criminel?

4° Réformer le Code pénal, et le réduire à des élémens simples.

Effacer les nuances qui différencient la moralité des faits, ce serait renoncer à la juste proportion des peines.

5° N'admettre aux fonctions de jurés que ceux qui sont intéressés au maintien de l'ordre et du pacte social, et par conséquent en exclure les dépositaires des différens pouvoirs, législatif, exécutif, administratif.

Belle conséquence, et bien propre à épurer le jury!

6° Enfin tracer des formules pour chaque accusation.

Ce serait introduire l'esprit de chicane dans les débats criminels, soumettre le fond à la forme, et faire dépendre la légalité d'une accusation d'un mot de plus ou de moins.

Pour donner aux accusés et aux plaignans les moyens d'obtenir des dommages-intérêts, et faire disparaître les difficultés qu'oppose à cet égard le Code d'instruction, M. Oudart (1) ne trouve pas de meilleur moyen que de faire prononcer le jury sur les intérêts civils. Ainsi, pour prévenir les bévues des jurés, on les mettra à même d'en faire un plus grand nombre : parce qu'il résulte des inconvéniens du système qui a ôté aux juges les questions de fait, on veut les dépouiller encore des questions de droit. Autant vaudrait-il les chasser de leurs siéges, et y faire asseoir les jurés.

Je ne puis me dispenser de dire un mot de l'ouvrage de M. Cottu, qui a été envoyé en Angleterre par le Gouvernement français, pour y étudier le système et la marche du jury. Il a très-bien décrit les mœurs, les usages et les lois criminelles de cette île. Mais le tableau qu'il en fait ne prouve autre chose que le dénuement où se trouve la France de tous les élémens moraux qui soutiennent le jury anglais. Rien n'est si

---

(1) *Essai sur l'organisation du Jury,* pag. 52.

faible et si incohérent que les idées qu'il croit
propres à nous approprier un système si opposé à nos mœurs. Je ne rapporterai qu'un
de ses moyens. Il voudrait qu'on ne consi-
dérât *toutes* les déclarations du jury que
comme des *verdicts spéciaux*, par lesquels,
les jurés anglais, dans des cas embarrassans,
s'en rapportent à la prudence des juges : ce
qui ne laisserait aux déclarations des jurés,
que la valeur d'un simple avis, non obligatoire pour les juges. Je demande si ce n'est
pas avouer par-là que les jurés ne peuvent
être de bons juges, et s'il vaut la peine de
compliquer la machine, de mettre tant de
monde en mouvement, pour n'obtenir à la fin
qu'une simple opinion consultative?

CHAPITRE XVII.

Comparaison des deux méthodes.

D'autres enthousiastes n'admirent le jury
que par comparaison, et quand ils ont bien
xagéré les abus de l'ancien régime et les avantages du nouveau, ils s'applaudissent de leur
préférence.

Je ne la leur contesterais pas, s'il fallait choisir, sans restriction, entre le passé et le présent. Mais, dans l'un comme dans l'autre régime, il y a de quoi louer et de quoi blâmer; et pour me borner à l'ordre judiciaire, ne suffisait-il pas que la révolution eût aboli les actes arbitraires, la vénalité et l'hérédité des places, le secret des procédures; qu'elle eût rapproché la justice des justiciables, rendu les débats publics, accordé à l'accusé un avocat, et le droit de faire entendre des témoins à décharge? Fallait-il encore qu'à la place de ces magistrats, à qui du moins on ne pouvait contester l'indépendance de l'âme, l'amour de leur état, puisé dans les traditions domestiques, et cette considération qui ne donne pas la vertu, mais qui l'entretient et l'échauffe; fallait-il encore que le délire novateur nous donnât pour juges, dans les affaires qui compromettent notre existence, des hommes privés, honnêtes sans doute, mais qui sont les premiers à reconnaître que, pour faire un métier, il faut l'avoir appris?

Pour pouvoir comparer avec justesse les deux méthodes, et juger laquelle mérite la préférence, il faudrait pouvoir mettre en action deux assemblées, dont l'une organisée à la manière des Cours d'assises, et l'autre composée uniquement de juges, et commettre à chacune d'elles le jugement d'une affaire, pour voir laquelle mettrait dans ses délibérations plus de mouvement, de régularité et de justice.

Mais, à défaut de ces objets de comparaison, nous pouvons y suppléer, en quelque sorte, en rapprochant le succès qu'a obtenu la suspension du jury dans quelques Cours criminelles, de l'état d'imperfection de la justice, dans les Cours où cette suspension n'a pas eu lieu.

Or, voici ce que nous lisons dans le compte rendu par le grand-juge, le 3 complémentaire, an 11.

« La procédure par jury a été suspendue
» dans plusieurs départemens ; des tribunaux
» spéciaux ont été établis pour frapper le
» crime avec une rapidité telle qu'on pût es-
» pérer d'en arrêter le débordement. Aussi,
» malgré les clameurs de l'ignorance et les
» scrupules vrais ou affectés de quelques es-
» prits inquiets qui s'étaient réunis pour dé-
» crier, avant sa naissance, une institution que
» les circonstances commandaient avec tant
» d'empire, le crime a pâli, les brigands, les
» voleurs des diligences, les affreux chauffeurs,

» ont vu dissiper leurs bandes impures, et le
» faussaire impudent, devenu circonspect et
» timide, laisse enfin espérer à la société alar-
» mée par l'excessive multiplicité des crimes
» de faux, que ce fléau dévastateur cessera
» bientôt d'être redoutable. »

Et il est à remarquer qu'à cette époque, les tribunaux criminels étaient, à beaucoup près, moins bien composés qu'ils ne l'ont été dans la suite. Et quelle amélioration ne pourrait pas encore recevoir la magistrature, si le Gouvernement portait enfin sa sollicitude sur un objet dont l'importance, je ne crains pas de le dire, n'a jamais été bien appréciée?

Si la suspension du jury produisit de bons effets, les départemens où il fut maintenu n'eurent pas à s'en applaudir. C'est ce qui résulte des observations du premier corps judiciaire de l'État appelé, en l'an 10, à donner son avis sur un projet de Code criminel.

« Le triste résultat de l'impunité des plus
» grands crimes, disait la Cour de cassation,
» effrayant la société, a presque conduit à
» douter si l'institution du jury, si belle en
» théorie, n'a pas été aujourd'hui plus nui-
» sible qu'utile dans ses effets; et bientôt le

» premier doute conduisant à un second,
» peut-être, faudrait-il examiner d'après l'ex-
» périence, ce qui ne le fut par l'assemblée
» constituante qu'en spéculation, peut-être
» serait-il à examiner encore si, dans un pays
» où il n'y a plus ni féodalité, ni distinction,
» ni priviléges, l'institution des jurés offre des
» avantages bien réels; s'il est bien vrai que,
» pour prononcer sur un crime et sur toutes
» les circonstances qui le nuancent, il suffit
» d'avoir du sens commun et des lumières
» naturelles; si l'institution des jurés s'adapte
» parfaitement au caractère national; si elle
» peut bien s'allier avec ce sentiment trop or-
» dinaire de générosité et d'indulgence dans
» les uns, de timidité et d'insouciance dans les
» autres, qui portera toujours à la commisé-
» ration l'homme qui ne s'est pas fortifié
» dans l'habitude de juger, et qui ne voit
» devant lui que l'homme qu'il va frapper, la
» société n'étant à ses yeux qu'un être abstrait
» et invisible. Peut-être enfin serait-il à exa-
» miner si l'ordonnance de 1670, modifiée par
» les décrets de 1789, n'offre pas une garantie
» plus sûre et des motifs plus réels de sécurité. »

Mais le Gouvernement avait pris son parti.
Il ne proposa au conseil d'état et à la chambre

législative qu'une correction et non pas une réforme complète, et ne permit pas que les avis portassent sur l'abolition du jury. Peu lui importait que les particuliers fussent mal jugés, pourvu que les causes qui l'intéressaient fussent enlevées aux jurés, et portées à des tribunaux spéciaux, comme elles le furent par le nouveau Code d'instruction. Le Gouvernement ne demanda qu'à être désintéressé, et il le fut (1).

Toutefois, ces exceptions à un principe vicieux, ces suspensions momentanées, ces cours spéciales empêchaient du moins que le mal ne fût porté à son comble. C'était un abus, sans doute : mais cet abus en corrigeait un plus grand. Maintenant que tous les palliatifs ont été écartés, que le système a été débarrassé de ses entraves; maintenant qu'on parle d'y donner de nouvelles extensions, et que l'opinion publique paraît s'en engouer toujours plus, n'est-il pas du devoir de l'écrivain qui voit l'ordre public menacé, d'af-

---

(1) On sait que par le Code d'instruction, les crimes de rébellion, de contrebande, de fausse monnaie, etc., étaient jugés par des tribunaux spéciaux.

faiblir cet aveugle enthousiasme, de signaler les dangers auxquels il peut nous conduire, afin que, si ses efforts ne peuvent obtenir l'extirpation du mal dans sa racine, ils empêchent du moins qu'il ne fasse de plus grands progrès?

On m'a fait des objections tirées des circonstances du moment, et du peu de confiance qu'inspire, dit-on, la composition actuelle des tribunaux français. Je ne suis pas à même d'apprécier au juste ces considérations. Mais, quoique je les croie exagérées, qu'on veuille bien lire le livre suivant, et l'on verra si je ne réclame pas un meilleur ordre de choses, et des magistrats qui soient préférables à nos jurés.

LIVRE VII.

RÉFORMES A FAIRE.

ME voici arrivé à l'application de mes principes. Ces principes sont que la liberté n'est autre chose que la conservation garantie des droits sociaux, c'est-à-dire la jouissance paisible et assurée des personnes et des propriétés ; que cette jouissance n'est efficacement protégée que par la justice distributive ; que la justice ne peut être bien administrée que par des juges permanens, choisis avec le plus grand soin, doués de toutes les qualités de l'esprit et du cœur. Quels sont les moyens qui peuvent donner à la justice de pareils ministres ? C'est le sujet de ce dernier livre.

CHAPITRE PREMIER.

Du Matériel.

IL y a deux choses à considérer dans tout établissement public : le matériel et le moral.

Mais, dans l'organisation judiciaire, c'est le moral qui est tout; et si le matériel ne doit pas y être négligé, c'est par l'influence qu'il peut avoir sur la partie morale. Ainsi, quand on s'occupe de la formation des corps judiciaires, du réglement de leur compétence, des limites territoriales de leurs juridictions, c'est moins le rapprochement de la justice et la limitation du pouvoir judiciaire qu'il faut avoir en vue, que de donner de la consistance aux tribunaux, de l'occupation et de la considération aux magistrats, et d'empreindre sur toutes leurs fonctions la dignité et la passion du bien public. Le meilleur présent qu'on puisse faire aux justiciables, c'est de leur donner de bons juges : qu'importent les formes, si la bonne cause est assurée d'obtenir justice? Le législateur aura beau vouloir contraindre les juges à faire leur devoir; s'ils n'en ont ni la volonté, ni les moyens, toute prévoyance humaine sera inutile. Pour opérer efficacement sur l'organisation judiciaire, il faut être pénétré de cette grande vérité; sans quoi on ne fera jamais que bâtir sur le sable.

Le matériel de la justice avait été bouleversé par l'Assemblée constituante; tout l'ancien édifice avait été renversé: les lois de 1808

relevèrent ces débris. On en revint aux tribunaux d'appel : l'ordre et la discipline des avocats furent rétablis ; les anciennes dénominations furent renouvelées, et les choses furent
mises sur un pied respectable, propre du
moins à recevoir toutes les améliorations morales jugées nécessaires. La répartition actuelle des tribunaux est un chef-d'œuvre, com-
parée au chaos de l'ancien régime (1).

Seulement, je doute qu'il soit convenable
d'attribuer aux conseils de préfecture la connaissance des matières contentieuses, en fait
d'administration. Ce sont des tribunaux dé-
guisés, qui n'ont ni la dignité, ni l'indépendance, ni l'appareil des tribunaux ordinaires.
Les justiciables applaudiraient à la suppres-

---

(1) Qu'il me soit permis d'observer que cette distribution des tribunaux est entièrement conforme au
plan que je donnai, en 1788, dans mon *Essai*, etc. Ce
plan fut adopté par M. Bergasse, rapporteur du comité de constitution, mais on avait décidé qu'il n'y aurait plus de grands corps judiciaires. Ce n'a été que dix
ans après qu'on en a reconnu la nécessité ; sans s'a-
percevoir que cela ne suffisait pas, et que ce n'était
pas le cadre, mais la peinture qui fait le principal
mérite d'un tableau.

18

sion de cette compétence exceptionnelle, et la magistrature en recevrait une plus grande consistance. Je pense, comme M. Bérenger, qu'il ne faudrait qu'un seul ordre de tribunaux, en réunissant à la justice ordinaire le contentieux de l'administration (1).

Si les justices de paix n'étaient pas établies, je pourrais aussi faire quelques objections contre cette judicature, dont le titre promettait plus qu'il n'a tenu. Il est bien difficile qu'un juge, exerçant ses fonctions dans le centre de ses habitudes et de ses liaisons, puisse toujours tenir une égale balance entre ses concitoyens. J'aurais préféré un bureau municipal, dans chaque commune, avec de légères attributions, tant au civil qu'en police. Mais puisque le contraire existe, n'innovons pas légèrement.

Je me hâte d'arriver à la partie morale : c'est là l'âme qui donne la vie et le mouvement au corps judiciaire. Sans ce principe vivifiant tout languit; rien ne peut prospérer.

____

(1) *De la justice criminelle en France ;* pag. 354.

CHAPITRE II.

Du moral. — Changemens à faire au jury.

S'il ne fallait, pour être juge, que les seules qualités qui constituent l'honnête homme, on pourrait se flatter, en prenant quelques précautions, de trouver, dans chaque département, mille individus, plus ou moins, capables de remplir, sous le nom de *jurés ;* ces hautes fonctions. Mais, puisque cela n'est pas possible, et que le système divisoire présente d'ailleurs des inconvéniens inévitables, ainsi que je l'ai prouvé, il s'ensuit qu'on ne peut concilier cette institution avec une bonne organisation judiciaire, et que la justice ne s'élèvera jamais, à cette haute région qui est son élément, si elle n'est dégagée de toutes ses entraves.

Mais la Charte a conservé cette institution, et n'a autorisé que *les changemens qu'une plus longue expérience ferait juger nécessaires, et qui ne peuvent être effectués que par une loi* (1).

____

(1) Art. 65.

C'est un malheur, sans doute, que cette concession, qui avait été omise dans les bases constitutionnelles posées par le roi dans une précédente déclaration, ait été ensuite jugée nécessaire au complément de nos lois fondamentales. Voyons si nous ne pourrions pas la concilier avec nos principes.

Avant tout, je ne veux pas déguiser ma pensée, et me contenter de faire entendre ce que je n'oserais dire. Je pense que, pour ne laisser rien d'imparfait dans le pouvoir judiciaire, il faudrait faire disparaître toutes les traces de cette superfétation.

Mais, si la Charte s'y oppose, faisons comme ces architectes qui, n'étant pas maîtres de choisir le terrain sur lequel ils ont à bâtir, tâchent de combiner leur plan de manière à corriger les défauts de la localité.

Il est d'abord une remarque essentielle à faire, c'est que, si la Charte n'avait voulu permettre que de simples modifications, elle n'aurait pas eu besoin de faire une réserve de *changemens*. La reconnaissance du principe ne pouvait exclure et provoquait même les dispositions réglementaires, et le perfectionnement de l'institution. L'annonce de *changemens* dit donc quelque chose de plus, et donne à la législature une telle latitude, que je serais porté à croire qu'il suffit, pour que la Charte ne soit pas violée, que le principe du jury demeure intact.

Or, ce principe, d'après le rapport de M. Bergasse, et le développement donné par M. Duport, était fondé, comme nous l'avons fait voir, sur le système divisoire. Séparer la question de fait, de la question de droit; faire juger la première par une aggrégation appelée *jury*, et la seconde, par une autre aggrégation appelée *tribunal*, c'était tout ce que voulaient les auteurs du projet et ceux qui l'adoptèrent.

Séparons donc ces questions, puisqu'il le faut; ayons des juges de fait, et des juges de droit. Mais, au lieu de prendre les premiers dans toutes les classes, de les choisir au hasard, et seulement pour des fonctions momentanées, apportons dans les choix qui en seront faits les mêmes précautions dont nous usons à l'égard des juges de droit : qu'ils soient soumis aux mêmes épreuves, présentent les mêmes garanties, jouissent de la même considération, de la même indépendance, et soient, en un mot, comme en Suède, nommés à vie, et salariés.

Et pourquoi même ne pourrait - on pas les tirer des Cours royales, en faire une chambre à part, qui, comme les autres, serait renouvelée toutes les années? Ils pourraient juger au nombre de six ou de huit : en cas de partage, le prévenu serait déchargé, et si la culpabilité n'était reconnue qu'à la simple majorité, il y aurait lieu, d'après l'art. 351 du Code d'instruction, à la réunion des juges de fait avec les juges de droit, avec cette différence, que la réunion des votes, serait jointe à celle des personnes, afin que la discussion pût s'éclaircir par la communication et le choc des idées et des opinions. Mais, dans ce cas, pour mettre l'accusé dans une position plus favorable, je voudrais que, à la place de la simple majorité formée de la réunion des deux chambres, on exigeât, pour la condamnation, deux voix en sus de la minorité. Il suffirait, je pense, d'augmenter les Cours royales de dix à douze membres, parce que, en cas d'insuffisance du nombre, une chambre pourrait se compléter par une autre : je n'entre pas dans d'autres détails, tout s'arrangerait facilement; il suffit de convenir du principe. Si on voulait, par exemple, conserver la récusation péremptoire, la chose serait facile, en limitant cette récusation à un certain nombre, puisque les Cours royales fourniraient assez de juges pour fournir aux remplacemens.

CHAPITRE III.

Établissement du jury d'accusation, et suppression du jury de jugement.

Si cet amalgame, auquel j'avoue ne tenir pas beaucoup, est rejeté par respect pour la Charte, et qu'on veuille que les juges de fait conservent le caractère populaire et invisible qu'ils ont actuellement, il ne reste d'autre ressource que de rétablir le jury d'accusation, et de supprimer celui de jugement. Puisque des deux jurys que nous avait donnés la loi de 1790, le nouveau Code en a supprimé un, pourquoi, sans toucher à la Charte, ne pourrait-on pas substituer celui qui a été supprimé à celui qui a été maintenu, si le bien de la justice l'exige ?

Or, les raisons de cette substitution ne sont point douteuses. La mise en accusation n'exige pas le même degré d'aptitude que la déclaration affirmative ou négative de la culpabilité. La première ne présente que cette simple question, le prévenu est-il accusable?

Il ne faut pour la résoudre, ni décomposer les questions, ni caractériser le fait, ni épuiser son attention sur toutes les circonstances aggravantes, atténuantes, principales ou accessoires. On ne demande au juré que de rendre compte de l'impression que lui a faite la nature de la procédure ou l'audition des témoins; il n'est pas chargé d'évaluer la force des preuves; il ne fait qu'énoncer des probabilités; sa réponse ne peut être ni absurde, ni contradictoire, ni inconséquente. Elle n'est pas décisive et absolue : elle n'est que *présomptive*. Voilà toute la part que des hommes privés peuvent prendre, sans beaucoup de danger, à l'administration de la justice criminelle : hors de là, il n'y a que confusion, erreur, déception, et tous les inconvéniens du système divisoire.

La seule chose qui serait à craindre de la part du jury d'accusation, ce serait quelquefois que l'indulgence ne provoquât la décharge d'un prévenu qui serait dans le cas d'être accusé; mais il serait bien rare que cette indulgence fût poussée au point de faire prononcer la mise hors d'accusation, lorsque la procédure présenterait des charges suffisantes pour la condamnation; car, dans ce dernier cas, la culpabilité étant évidente, il faudrait que les jurés fussent sans pudeur, ce qui n'est pas à présumer, pour rejeter comme *probable* ce qui serait *évident*. Ainsi, tout ce qui peut arriver de pire avec les jurés d'accusation, c'est qu'ils se constituent quelquefois en juges définitifs, et qu'ils anticipent sur l'acquittement qui serait prononcé par le tribunal supérieur.

Une autre cause qui rend les jurés plus propres à figurer dans l'accusation que dans le jugement, et plus retenus à abuser de l'indulgence, c'est la perspective d'une seconde chance qu'ils laissent au prévenu, en le renvoyant devant le tribunal qui doit prononcer définitivement : mais, lorsque le juré prononce sans espoir de recours, le moindre doute, le moindre scrupule étant toujours en faveur de l'accusé, il y a un champ plus vaste à l'indulgence et à l'arbitraire.

Il est deux autres considérations qui doivent faire donner la préférence au jury d'accusation sur celui de jugement. 1°. les déclarations du premier, lorsqu'elles sont favorables, n'acquièrent pas un caractère d'irrévocabilité, et, avec de nouvelles charges, la poursuite peut être reprise; 2°. les jurés étant pris dans l'arrondissement où le crime a été commis, et où le plus souvent habitent le prévenu et les témoins, ils sont plus à même d'apprécier les localités et les personnes soumises à leur investigation ; ce qui, aux yeux des promoteurs de ce système, est, avec raison, d'un grand avantage.

Quant à la crainte d'une rigueur déplacée, provoquée par les préventions et les passions locales, c'est sans doute une chance inhérente au mode, mais beaucoup moins fâcheuse en accusation où il y a du remède, qu'en jugement où il n'y en a plus.

Il est une autre considération qui, je crois, pourra trouver grâce auprès de nos doctrinaires. Quelle est la partie offensée par l'individu qui commet un crime ? c'est la société ; c'est elle qui demande, par l'organe du ministère public, la punition du coupable. Or, puisqu'on nous assure que les jurés représentent *le pays*, ne suffit-il pas que le pays accuse ? Faut-il encore que, dans sa propre cause, il juge et qu'il condamne ? On n'a vu cette cumulation de pouvoirs dans aucune république ; et si le peuple a quelquefois prononcé des condamnations, ç'a toujours été sur la dénonciation de quelque magistrat.

En rétablissant le jury d'accusation, il faudrait mettre la plus grande attention à ce qu'il fût bien composé. On ne devrait y admettre que des propriétaires, des marchands de la première classe, des gens de lettres et des fonctionnaires publics. Je propose de les faire désigner, moitié par le sous-préfet, et moitié par le président du tribunal : la liste serait renouvelée toutes les années, et le tirage au sort, fait en présence du maire et du public, désignerait, pour chaque affaire, les huit jurés qui devraient prononcer sur l'accusation. Peut-être serait-il bien que le nombre en fût impair, pour éviter un partage (1).

On pourra me demander : Faudra-t-il ré-

_____

(1) Il ne faut pas croire que l'idée de réduire l'institution nouvelle au seul jury d'accusation, ne soit sortie que de mon cerveau. Voici ce que nous lisons dans le compte rendu par le grand-juge, sur la fin de l'an 10. « Effrayés du résultat de ces essais, et con- » sidérant, d'après les rapports les plus exacts, que » la complication des faits, la subtilité des discus- » sions, l'ignorance et la lassitude, embarrassaient tou- » jours, et souvent accablaient *le jury de jugement*, » composé d'hommes étrangers à ce genre d'applica- » tion, beaucoup de bons esprits, nombre de magis- » trats éclairés, ont pensé qu'il serait préférable peut- » être *de ne conserver que le jury d'accusation*, » encore en s'appliquant à instituer le mode nécessaire » pour parvenir à de meilleurs choix. »

tablir les Cours criminelles, ou faire juger les accusés par les Cours royales ? et dans ce 'dernier cas, le transport des témoins qu'il faudra faire venir de quinze ou vingt lieues, né sera-t-il pas, trop incommode et trop dispendieux ?

Il n'est pas douteux que, sous ce rapport, on trouverait de l'économie, et de l'accélération dans les affaires, avec un tribunal par département. Mais les Cours royales en imposent davantage, et cet accroissement d'attributions, en les élevant plus haut, rendrait leur suprématie encore plus utile. L'augmentation de dépenses serait à peu près compensée par la suppression des indemnités accordées aux jurés : et d'ailleurs, la justice est une dette trop sacrée, pour qu'on doive la subordonner à des considérations fiscales.

Au reste, il y aurait un moyen d'économiser quelques frais sur les assignations et le transport des témoins. J'ai remarqué, dans les procédures dont je me suis occupé, qu'il y a beaucoup de témoins dont on pourrait se passer au jugement, parce qu'ils ne disent que des choses peu signifiantes, ou ne font que répéter ce que d'autres ont dit : ne pourrait-on pas autoriser le procureur-général à se dispenser de faire entendre de nouveau les témoins *à l'audition desquels l'accusé aurait renoncé,* avec cette condition toutefois que la lecture de leurs dépositions écrites serait faite à l'audience?

J'observe enfin que la Cour royale pourrait, lorsqu'elle le jugerait convenable, envoyer des juges dans les chefs-lieux pour tenir les assises, en se faisant suppléer par les juges de première instance, qui néanmoins devraient être en minorité.

CHAPITRE IV.

Autres améliorations nécessaires. De la considération.

Mais ce serait une grande erreur de croire que toutes les améliorations dussent être bornées à la réforme du jury. Il faut déchirer le voile qui couvre notre faiblesse et nos infirmités. Jamais la magistrature ne s'élèvera à une hauteur, d'où elle puisse répandre ses douces influences sur le monde social, si elle n'obtient pas plus de force, de mouvement et de considération; si elle ne devient le sanctuaire des vertus, de la science, et des grands

sentimens; si l'entrée n'en est fermée, je ne
dis pas aux vices grossiers, mais à la médiocrité, à l'ignorance et à *l'ambitieuse oisiveté.*
Il ne suffit pas que son indépendance soit
déclarée par la loi, il faut encore qu'elle soit
réelle, et que le ministre des lois ne puisse être
atteint par l'influence du crédit, des richesses,
du pouvoir, et de l'opinion publique même.
Comment pourra-t-il protéger le faible contre
les entreprises d'un adversaire puissant,
l'honnête homme contre les calomnies d'un
audacieux libelliste, le Gouvernement même
contre le refus de service, et les mouvemens
séditieux? Comment pourra-t-il enfin défendre contre le despotisme de toute espèce,
le palladium de la liberté dont la garde lui est
confiée, s'il n'est soutenu par l'opinion, par
le respect et par le prestige d'une grande
puissance jointe à de grandes vertus?

Que la justice en France est loin encore de
ce beau idéal, qui, s'il ne peut se réaliser entièrement, devrait au moins servir de modèle,
pour s'en rapprocher le plus possible! Elle
s'est, il est vrai, relevée de cette entière dé-
gradation dans laquelle l'avaient jetée les
premiers actes de notre législation révolutionnaire. Mais on peut bien dire qu'elle porte

encore les marques visibles de sa chute. Le Gouvernement traite la magistrature comme un enfant déshérité : confiance, honneurs, distinctions, traitemens, tous les encouragemens nécessaires pour soutenir le courage civil, ne lui sont accordés qu'avec une ingrate parcimonie. La profession qui rend le plus de services à l'État, et qui exige le plus de sacrifices, est précisément celle qu'on laisse dans l'abaissement. Le président d'un tribunal, vieilli sous le harnois, donne le pas à un sous-préfet à peine connu. Il n'y a que quelques jours que les Cours royales, dont la juridiction s'étend sur trois ou quatre départemens, allaient se rendre chez un préfet-conseiller-d'état, qui n'en administre qu'un seul, ou chez le lieutenant-général commandant qui est obligé de prêter main-forte à la justice, pour les accompagner aux cérémonies publiques. Les choix desquels dépendent l'ordre public, et l'honneur des corps judiciaires, sont livrés à des commis, à l'intrigue, à la protection. Les ministres occupés à lutter contre les partis, ne peuvent donner leurs soins à des objets qui leur paraissent moins importans, et s'ils s'en mêlent quelquefois, c'est bien souvent pour se procurer des voix dans les Chambres, et obtenir cette majorité sans laquelle ils croient ne pouvoir se soutenir. Des députés, à Dieu ne plaise que je veuille parler du grand nombre ! aussi avides que les anciens courtisans, et forts de leur influence, accaparent les emplois pour eux , pour les parens, pour leurs créatures, pour les électeurs à qui ils les ont promis. En cela le ministère ne calcule que pour le moment; un mauvais choix lui concilie un député, mais lui aliène tout un département. Je le dis dans mon intime conviction, tant que les chambres voudront gouverner, le pouvoir sera avili, et elles le seront elles-mêmes ; *car,* nous dit un écrivain qui a le mieux sondé nos plaies, *sans un ordre judiciaire raffermi, que peut être une Chambre d'individus isolés, appelés propriétaires ?..... Il n'y a en France aucun grand corps politique, parce qu'il n'y a aucune espèce de grand pouvoir civil* (1). Tous les ressorts s'usent; tous les liens se relâchent, il n'y aura bientôt plus de respect que pour les richesses et pour

______

(1) *La Monarchie française,* par M. le comte de Montlosier; pag. 53o.

les places qui les donnent : *déjà les avocats dédaignent et repoussent les places de juges :* l'honneur s'éteint et l'égoïsme prend sa place. Le magistrat n'est presque plus compté pour rien dans la société, est baffoué en pleine audience, est insulté dans les rues, est dénigré dans des pamphlets, rougit de sa condition, craint de se faire moquer de lui, s'il s'annonce comme magistrat, s'il porte le costume qui honorait autrefois les maîtres des requêtes, se présente en frac chez les ministres, se livre aussi à l'intrigue, et cherche à remplacer, par de l'avancement, la considération qui lui manque. Et comment s'estimerait-il lui-même, quand rien ne lui rappelle sa dignité? comment son courage pourrait-il se soutenir, lorsqu'il ne voit dans l'accomplissement de ses devoirs que des peines, des dégoûts et des sacrifices?

Ah! que sont devenus ces beaux temps de la magistrature (je fais abstraction des abus), où un premier président, en se présentant sur le balcon du palais, décoré de la pourpre, arrêtait, moins par ses paroles, que par le respect qu'il répandait autour de lui, les flots tumultueux d'une populace ameutée; où un autre chef de compagnie aima mieux rester

dans la prison où les factieux l'avaient jeté,
que de jurer d'obéir à la ligue, et de manquer de fidélité à son roi (1)? Ces temps,
où l'on ne croyait pas acheter trop cher,
par le sacrifice de dix-huit cent mille francs,
l'honneur d'être à la tête d'un parquet; et où

---

(1) Voltaire, dans sa *Henriade,* fait allusion à ce
trait du premier président Achille de Harlay, par ces
deux vers :

> Il se présente aux Seize, il demande des fers,
> Du front dont il aurait condamné ces pervers.

C'était ce même Achille de Harlay qui, lorsque le
duc de Guise voulait entreprendre l'apologie de la
conduite qu'il avait tenue dans l'affaire des barricades,
lui répondit : *Monsieur, c'est grand'pitié quand le
valet chasse le maître de la maison.* Comme il était
peu riche, le roi lui avait donné un terrain pour bâtir une maison : quelque temps après, s'étant cru
obligé de s'opposer à l'enregistrement d'un édit, il
renvoya le brevet de ce don au roi qui refusa de le
reprendre.

J'aurais cent traits pareils à rapporter : je me borne
à ce dernier. Le premier président de la Vaquerie,
se présentant à Louis XI, à la tête de sa compagnie,
lui dit : « Sire, nous venons remettre nos charges entre vos mains, et souffrir tout ce qui plaira à V. M.,
plutôt que d'offenser nos consciences, en vérifiant les
édits que vous nous avez envoyés. »

le magistrat, content de sa profession, parce qu'elle était honorable, préférait l'audience et son cabinet, à l'antichambre des grands et aux frivolités du monde? ces temps, où un seul mot d'un procureur-général mettait en mouvement une nuée de procureurs fiscaux, et où une commission d'une cour répandait l'épouvante dans le repaire des brigands et dans les conciliabules des factieux? Et c'était au milieu d'une bigarrure de juridictions qui encombraient les avenues du temple; c'était avec des subalternes, la plupart ignorans et avilis (car ç'avait été une des fautes des parlemens de laisser leurs inférieurs dans l'abjection); c'était avec tous les vices de la vénanalité introduite par le chancelier Duprat, et en face d'une féodalité envieuse de la haute magistrature, que l'ordre public était maintenu, la loi en vigueur, et la justice en vénération! Quelles étaient donc les causes de ce grand prodige? Faut-il le répéter sans cesse? une seule, la considération, ce trésor inépuisable de richesses morales, ce ressort des bons gouvernemens, qui maintient le magistrat dans la décence, lui tient lieu d'indemnité, excite l'ambition des gens honnêtes, et neutralise la résistance.

« Nos répugnances ne changeront point la nature des choses, écrivais-je, le 9 septembre 1789, à un membre de l'Assemblée constituante ; nous avons beau secouer le joug de l'autorité, il faut des supérieurs, ou la société est dissoute : or, puisqu'il faut obéir, que ce soit au moins à des personnes en qui nous ayons confiance. Mais pour cela, il n'y a qu'un parti à prendre ; c'est d'engager les hommes vertueux à se charger des embarras du commandement : car le pouvoir n'a rien en soi d'agréable pour l'honnête homme ; il peut bien satisfaire celui qui veut en abuser ; mais l'homme qui se propose de n'en faire qu'un usage conforme aux lois et à l'équité, n'y trouve que des sacrifices à faire : il faut donc flatter l'un, et dégoûter l'autre. Mais comment y parviendrez-vous, si vous n'offrez pas au premier des objets auxquels il se complaise, et qui n'aient aucune prise sur le cœur du second ? Or, la considération produit ce double effet : l'égoïste la traite de chimère ; l'homme de bien la regarde comme un témoignage de l'estime publique, dont il est si jaloux. C'est donc rendre l'autorité douce et humaine que de la brillanter, que de l'orner, pour ainsi dire, d'emblêmes et de

trophées.... Savez-vous, ajoutai-je, ce qui a
arrêté pendant si long-temps le désordre dans
l'ordre judiciaire; ce qui a empêché l'entière
dépravation de la magistrature? C'est l'éclat
dont elle s'était environnée. Le respect public
épure les cœurs : on craint de ne point mé-
riter un sentiment qui nous flatte; on rougit
de s'en rendre indigne. C'est à ce foyer que
se sont embrasées les âmes de ces illustres
magistrats qui ont résisté avec tant de force
au torrent qui les entraînait. Ne leur repro-
chons donc point le soin qu'ils ont pris de
leur propre considération : si l'avilissement
eût gagné les grands corps judiciaires, comme
il avait infecté les petits, c'en était fait des
lois, et le mot *Justice* serait devenu synonyme
de celui d'*iniquité*. Il est vrai que cet éclat
n'a souvent été qu'un éclat emprunté, indépendant des qualités vraiment distinctives.
Mais si la fausse considération a pu avoir tant
d'influence, combien la véritable n'en pourrait-elle pas avoir » (1)?

Le chef-d'œuvre de la législation serait donc

____

(1) *Lettres à un membre de l'Assemblée nationale*; let. 5.

de joindre à la considération de la place, la considération de la personne; et, en rendant à la magistrature son ancienne splendeur, de la relever encore par l'éclat des vertus.

La difficulté consiste à trouver des moyens pour atteindre ce double but. Cette difficulté est grande, sans doute : mais, l'insouciance, la paresse et l'égoïsme l'exagèrent encore; et parce qu'il est difficile de trouver de bons sujets, on se croit dispensé d'en faire la recherche. C'est cependant tout l'opposé de ce qu'il faudrait faire; car, plus une difficulté augmente, plus il faut redoubler d'efforts pour la vaincre; d'autant que, plus la probité est rare parmi les citoyens, plus elle est nécessaire aux magistrats, pour qu'ils puissent lutter avec succès contre la corruption générale. Mais, rassurons-nous; cette difficulté n'est pas insurmontable, et si on peut désespérer de retremper les mœurs d'une nation corrompue, on n'éprouve pas les mêmes obstacles à former un corps d'hommes vertueux; parce qu'ici il ne s'agit que de faire un choix, et de former quelques bons sujets. Qui sait même si le vrai moyen de rendre la probité commune parmi les citoyens, ne serait pas de l'inspirer à ceux qui les gouvernent, et si, après que la corruption est montée du peuple aux gens en place, la régénération morale ne pourrait pas descendre des gens en place jusqu'au peuple?

Et peut-on en douter? quelle influence n'a pas une bonne justice sur la morale? L'exemple si puissant du magistrat, lorsqu'il est estimé, l'émulation donnée à la vertu, par la promotion des hommes vertueux aux charges publiques, l'exécution exacte et impartiale des lois, la juste et sévère application des peines qni accoutume le peuple à regarder comme criminel ce qui est défendu par la loi, comme juste ce qu'elle ordonne, et comme infâme l'action qui conduit le coupable à l'échafaud; tous ces élémens réunis conduisent insensiblement les hommes, de la crainte des lois à la pratique des choses honnêtes, et de la pratique des choses honnêtes à l'amour de la vertu; de sorte que le changement des mœurs aura commencé par l'intérêt personnel, et finira par le sentiment du bien : alors les bons sujets deviendront moins rares, et la difficulté de faire de bons choix s'affaiblira par l'attention à bien choisir. C'est ainsi que ces terres couvertes de ronces demandent d'abord des labeurs plus qu'ordinaires pour être défrichées ; mais, remuées en tout sens et débarrassées des mauvaises semences, elles finissent par ne produire que des plantes fructueuses, et n'exiger qu'une culture économique.

S'il était question de donner du lustre à une profession qui, par sa nature, n'en est pas susceptible, l'entreprise serait, je l'avoue, difficile ; je dis plus, elle serait immorale et impolitique : car, on détourne par - là de sa véritable destination cette source vivifiante; et en forçant l'estime publique à se porter sur des objets qui ne sont pas dignes d'elle, on en prive les objets qui la méritent. Mais tout étant noble dans les fonctions de la justice, les législateurs et les Gouvernemens n'ont qu'à le bien vouloir, pour que leur sollicitude ne puisse manquer d'être bientôt couronnée par le succès.

CHAPITRE V.

Former et choisir.

FORMER et choisir, voilà le double pivot sur lequel roule toute la science dont l'étude est pour les gouvernemens la plus importante peut-être de toutes. On peut même dire que ces deux moyens rentrent l'un dans l'autre. Bien choisir, c'est former, et former, c'est faciliter les moyens de bien choisir.

« Ce n'est pas assez de trouver de bons sujets dans une nation, disait Mentor à Télémaque, il est nécessaire d'en former de nouveaux.... L'application que vous avez à chercher les hommes habiles et vertueux pour les élever, excite et anime tous ceux qui ont du talent et du courage; chacun fait des efforts; combien y a-t-il d'hommes qui languissent dans une oisiveté obscure, et qui deviendraient de grands hommes, si l'émulation et l'espérance du succès les animaient au travail? combien y a-t-il d'hommes que la misère et l'impuissance de s'élever par la vertu, tentent de s'élever par le crime? Si donc vous attachez les récompenses et les honneurs au génie et à la vertu, combien de sujets se formeront d'eux-mêmes? mais combien en formerez-vous, en les faisant monter de degré en degré, depuis les derniers emplois, jusqu'aux premiers (1)? »

---

(1) *Télémaque;* liv. 24.

On forme de bons sujets par l'instruction qu'il faudrait baser principalement sur la morale ; par des études que des encouragemens devraient favoriser; par l'avancement graduel dont il ne faudrait jamais se départir : mais on les forme bien plus par la perspective des honneurs , par les distinctions accordées au mérite , et encore plus par la pureté des choix et la certitude que l'homme vertueux ne restera pas oublié dans la foule (1).

CHAPITRE VI.

Des choix. Présentation des candidats confiée aux tribunaux.

DISONS-LE hardiment : tant que la bureaucratie aura une si grande influence sur les nominations aux places judiciaires, il faut s'attendre à voir l'intrigue, la faveur, la protection, les vues personnelles, les considéra-

---

(1) Ces moyens de faire germer l'émulation et le mérite, sont développés avec plus d'étendue dans mon *Essai sur l'administration de la justice.*

tions politiques, prendre la plus grande part à la composition des tribunaux, et donner souvent la préférence à la médiocrité qui se met en avant, sur le mérite qui garde un modeste silence. Les ministres ne peuvent pas tout voir par eux-mêmes, surtout avec une représentation qui les force de s'occuper de ce qui est étranger à leur ministère, et de négliger les objets qui y ont un rapport direct et tant qu'ils croiront avoir besoin, pour se maintenir en place, de conserver ou de se procurer la majorité dans les Chambres, s'ils s'occupent de quelque choix, ils ne négligeront pas d'en profiter pour augmenter leur influence. Il est tout naturel qu'ils regardent comme un malheur pour l'État l'opposition de la majorité, malheur qu'ils doivent tâcher d'écarter par tous les moyens possibles; et il ne faut pas croire qu'avec plus d'indépendance, le ministère acquière, dans la suite, plus d'habileté et de moyens dans l'art difficile de bien choisir. Les successeurs de nos ministres pourront devenir plus indépendans que leurs prédécesseurs; mais seront-ils mieux intentionnés? à coup sûr, ils n'auront pas cette ferveur de zèle qui signale les commencemens difficiles d'un nouveau système ; et alors, n'en doutons pas, les rênes se relâcheront encore plus dans les mains distributives des emplois ; l'intrigue ne fera que se déplacer, les courtisans seront ce qu'ils ont toujours été, les ministres se reposeront sur leurs commis, et les choses n'en iront pas mieux. Le mal sera sans doute tolérable dans la partie militaire et la partie administrative, parce que là on obéit à des supérieurs, on est contenu par l'amovibilité, et on a moins besoin d'étude, d'expérience et de moralité : mais le mal pourra devenir funeste dans l'ordre judiciaire, où rien n'est à négliger, où on ne fait rien, si on ne fait pas assez, et où on n'a d'autre garantie contre les erreurs et les transgressions, que les lumières et la conscience des juges.

Rétablirons-nous donc, pour distributeur de la puissance de juger, le hasard de la naissance, que Montesquieu (1) préfère au choix du prince? Non, sans doute : vendre le droit de prononcer sur les biens, l'honneur et la vie des citoyens ; confier à des chances fortuites, des fonctions qui exigent des qualités

---

(1) *Esprit des lois*; liv. v, chap. 19.

supérieures, paraît être le comble de l'imprudence.

Mais si nos annales nous présentent un milieu entre ces deux écueils, pourquoi ne le
choisirions - nous pas? Rougirions - nous d'en
revenir à celles de nos anciennes institutions
marquées au coin de l'expérience et de la
saine politique?

Eh bien! les tribunaux français étaient en
usage, avant l'invention fiscale du chancelier
Duprat, et dans le siècle d'or de la magistrature, de présenter au roi, à chaque vacance,
trois sujets parmi lesquels il en nommait un.
Ce droit avait été confirmé par plusieurs ordonnances (1), et son origine se perd dans la

____

(1) On trouve dans le *Code Henri*, pag. 64, l'é-
numération des ordonnances qui donnaient ou restituaient aux parlemens le droit de présentation. Ce
sont celles de Philippe de Valois, de 1344, art. 88 ;
de Charles VI, en 1406; de Charles VII, en 1446; de
Charles VIII, en 1493; de Louis XII, en 1498; de
Charles IX, aux états d'Orléans, et à Moulins, en février 1596; de Henri III, aux états de Blois. Cette
dernière ordonnance, tit. XXIX, art. 39, voulait que,
pour les élections faites par les siéges, les maires, éche-
vins, conseillers et capitaines de la ville, fussent ap-

nuit des temps. L'abolition qu'en fit François 1er, par la vente des offices, jeta la cons-
ternation dans la magistrature, et fut le premier coup de sape porté sur cet édifice majestueux, qui depuis s'est dégradé insensiblement.

Les parlemens et les états-généraux ne ces-
saient de réclamer contre la vénalité et la suppression des anciens usages. Plusieurs ordonnances furent rendues, qui restituaient aux
tribunaux le droit de présentation. Mais la
fiscalité, en revenant souvent à la charge, et
s'étayant des besoins du trésor public, pré-
valut enfin sur le vœu du peuple, sur l'honneur
de la magistrature, et peut-être sur les regrets
et les bonnes intentions des monarques (1).

---

pelés, *lesquels éliront*, est-il dit, *trois personnes.*

La même ordonnance voulait, article 262, que,
parmi les candidats, il y en eût un de la noblesse,
s'il s'en trouve, est-il dit, *de la qualité et suffisance
requises par nos ordonnances.*

(1) François 1er, lui-même, témoigna, dans une
lettre au parlement de Paris, les plus vifs regrets d'a-
voir altéré, par la vénalité, la pureté de la magistrature, et attribua à une punition de Dieu les malheurs
de l'État et la maladie dont sa mère était affligée.
Le Bref de la souveraineté; liv. 11, chap. 8.

Pour attester leur douleur, leurs titres, et
conserver une pierre d'attente à ce bel édi-
fice, les parlemens faisaient jurer aux récipiendaires, qu'ils n'avaient rien payé pour se
faire pourvoir de leurs offices ; *tellement,*
dit Pasquier, *que, tombant d'une fièvre tierce
en mal chaud, pour tout le fruit de cette
belle* ANCIENNETÉ, *il ne nous reste que le
parjure dont nous saluons la compagnie
avant d'entrer en exercice de nos états.*

Après que la vente et l'hérédité des offices
se furent consolidées, il resta encore aux
parlemens une ressource contre l'ambition et
la vanité, dénuées de mérite. Il était reconnu
que nul ne pouvait devenir membre de la
haute magistrature, sans l'agrément de la compagnie, dans laquelle il voulait entrer, et personne n'aurait osé franchir cette barrière; faibles et précieux restes de l'ancienne prérogative, qui en conservaient, jusqu'à un certain
point, les avantages.

Mais, puisque la révolution et la charte ont
détruit l'ouvrage de la fiscalité, pourquoi en
laisser subsister des traces? pourquoi ne pas
rétablir les choses dans l'état où elles étaient
avant cette funeste invention? Puisque cet
utile esprit de corps, qui écartait des places

les sujets médiocres, est éteint dans nos tribunaux, par la raison que l'ancienne considération, qui était l'aliment du point d'honneur,
a subi le sort de toutes les vieilles moralités,
pourquoi ne pas leur accorder un préservatif
contre l'avilissement des mauvais choix? Ne
serait-ce pas le meilleur moyen de rendre à la
magistrature et, je dirais presque, à la nation
française, cette vigueur et cette énergie morale dont nous ne pouvons nous dissimuler
l'affaiblissement? Est-ce qu'un usage reconnu
bon pendant plusieurs siècles, et dont la nation
a si souvent déploré la perte et revendiqué le
retour, serait devenu tout-à-coup mauvais?
Avons-nous moins besoin qu'au quinzième
siècle de bons magistrats?

Quelques personnes pensent que la haute
considération dont jouissait l'ancienne magistrature prenait sa source dans l'hérédité des
offices : c'est une erreur. J'en appelle aux
temps où les princes étrangers choisissaient
le parlement de Paris pour juge de leurs
différends (1). C'est au contraire de cette

____

(1) Voyez *le Bref de la souveraineté;* liv. ii. ch. 2.

source impure, qui fit regarder le mérite comme étranger aux nobles fonctions de juge, que sortit la déconsidération que les parlemens tentèrent en vain d'arrêter par leurs efforts et leurs remontrances. Avant cette innovation, un récipiendaire se présentait à l'initiation, avec un double titre d'honneur et de confiance, avec le choix de la compagnie à laquelle il allait être aggrégé, et avec le choix non moins honorable du roi. Mais aussi, ce n'était pas dans un obscur bailliage, ou sur les plus basses marches du barreau, qu'on allait chercher un conseiller : on le choisissait dans l'élite des avocats, et dans le petit nombre des hommes distingués par leur savoir, leurs vertus et le rang qu'ils tenaient dans la société. Depuis la vénalité, et l'hérédité qu'elle entraîna à sa suite, un magistrat n'avait, pour être reçu, qu'à exhiber son acte d'acquisition ou son titre d'héritier et ses provisions, qui n'étaient qu'une formalité de chancellerie. Cette dernière voie de parvenir aux places était-elle donc plus honorable que la première? Il n'y a qu'à lire l'histoire pour se convaincre du contraire, et reconnaître que la magistrature a eu ses temps de grandeur et de gloire, dans les premiers siècles de

la monarchie, lorsque le mérite et la considération personnelle traçaient la voie des
honneurs, et ses jours d'affaiblissement et de
décadence, dans les temps, où elle était
sourdement minée par la vente et l'hérédité
des places. Elle n'était plus même reconnais-
sable avant la révolution; et je fus si frappé
de ce changement, que l'ouvrage que je pu-
bliai, en 1788, roulait principalement sur
cette idée, qu'il fallait relever la magistrature
sur les anciennes bases. Combien plus nécessaire n'est-il pas de la relever, à présent qu'elle
est tombée bien plus bas encore!

Ce ne sont pas les bons esprits qui repous-
seront les idées régénératrices et les moyens
de les réaliser que je propose. M.Necker dont
toutes les pensées devinrent favorables à la monarchie, lorsqu'il se fût aperçu, un peu trop
tard peut-être, qu'elle était attaquée, M. Necker, en déplorant les atteintes portées à l'autorité royale par l'assemblée constituante, et la
nomination des juges exclusivement déférée
au peuple, et après avoir observé qu'en Angleterre le roi a plus de facilité à faire de bons
choix, attendu qu'il n'y a que douze juges
dans tout le royaume, nombre suffisant à
cause de leur ambulance, ajoute, « mais en

» France, où cette forme n'est pas introduite,
» et où les tribunaux sédentaires ont été mul-
» tipliés en proportion des différentes sections
» du royaume, il n'eût pas été raisonnable
» d'attribuer au Gouvernement la nomination
» absolue de ces tribunaux, et le monarque
» aurait approuvé lui-même que son choix
» eût été circonscrit de quelque manière (1) ».

M. Bérenger trouve dans le recrutement des corps, un autre avantage qui serait d'affai-blir la dépendance où notre magistrature se trouve du ministère. « Peut-être, serait-il
» possible, dit-il, d'atténuer cette dépendance
» par l'emploi d'un moyen qui ne tarderait
» pas à produire d'heureux effets : ce serait de
» faire présenter les candidats pour chaque
» place vacante par les corps entiers au scrutin,
» au lieu, comme cela se pratique maintenant,
» de les faire présenter par les chefs de ces
» corps. Ce moyen ne remédierait pas à tous
» les inconvéniens ; mais il en préviendrait
» beaucoup. Les cours, lorsqu'elles éleveraient
» jusqu'à elles des magistrats des siéges in-
» férieurs, tiendraient à honneur de choisir

____

(1) *Du pouvoir exécutif;* tom. 1er, pag. 149.

» les plus attachés à leurs devoirs et les plus
» éclairés. On diminuerait ainsi l'influence,
» toujours dangereuse, des premiers présidens
» et des procureurs-généraux, lesquels ne pré-
» sentent jamais que leurs créatures, ou les
» candidats qui paraissent les plus disposés à
» l'obéissance envers le ministère (1). »

Je ne sais quels états-généraux avaient demandé que le droit de présentation aux
places de juges fût accordé aux assemblées
provinciales. M. Bergasse proposa ce mode
électif, au nom du comité de constitution.
Moi-même, avant lui, j'avais penché vers cet
avis, mais je suis revenu de cette idée,
1° parce qu'il faudrait, pour cela, que les
ressorts judiciaires fussent identiques avec
les territoires administratifs; 2° parce que je
pense qu'avec une chambre de députés, on
peut se dispenser d'avoir des assemblées
provinciales; 3° parce que le droit électoral
joint aux élémens démocratiques d'une as-

______

(1) *De la justice criminelle en France;* pag. 245.
« Il n'est pas douteux, ajoute-t-il, que la magistrature acquerrait bientôt des hommes dignes de l'il-
lustrer. » pag. 246.

semblée populaire, prendrait trop sur l'autorité royale.   .

Au lieu que l'élection préventive, restituée
aux tribunaux, ne présente que des avantages.
Une compagnie de juges est plus en état que
toute autre aggrégation, d'apprécier le mérite
des aspirans. L'honneur d'un tribunal devant
être cher à tous les membres, il ne serait pas
à craindre qu'ils voulussent se donner des
collègues capables de les déconsidérer. Si cependant une présentation était faite dans l'intention de gêner la prérogative royale, en
accolant à deux candidats insignifians, le protégé qu'on voudrait faire prédominer, le roi
pourrait l'annuler, comme *illusoire,* et en
demander une seconde. Si une réunion de
trente à quarante électeurs ne paraissait pas
assez imposante pour délibérer sur les candi-
datures, on pourrait y adjoindre le préfet,
le général-commandant, l'évêque, le maire
de la ville, et autres fonctionnaires jugés
propres à augmenter la garantie des bons
choix.

Les tribunaux de première instance auraient,
comme anciennement, la même prérogative
pour la nomination des places qui vaqueraient
dans ces corps. Mais, comme autrefois aussi,

et attendu le petit nombre des membres qui les composent, ils appelleraient un supplément d'électeurs. Je prévois bien que les enfans de magistrats auraient un avantage dans le ballotage : mais, serait-ce un si grand mal que les familles magistrales pussent se flatter que leurs soins et leurs sacrifices pour l'éducation de leurs enfans, ne seraient pas perdus ? Au reste, si quelque présentation était entachée de quelque vice de faveur ou d'influence, le roi n'est-il pas là pour y remédier, sur le rapport de son ministre de la justice, à qui le premier président et le procureur-général auraient adressé leurs avis, et qui d'ailleurs pourrait prendre des renseignemens à toute autre source? Quelle valeur ne donnerait pas aux places de magistrature une aussi belle attribution ! Ce puissant motif est-il à négliger?

Le ministère avait chargé, par ses instructions, les chefs des tribunaux et des cours de lui présenter trois sujets pour chaque vacance de place; mais c'est là une mesure qui n'est pas obligatoire, n'étant ordonnée ni par une loi, ni par une ordonnance, et l'expérience a fait voir qu'elle est à peu près illusoire, ayant subi le sort du décret qui assurait aux conseillers - auditeurs le tiers des places vacantes (1).

S'il fallait se contenter de pareilles précautions, abandonnées à la bonne volonté des ministres, j'irais chercher, dans un roman, un exemple qui pourrait servir de modèle, et où l'on verra qu'on trouve quelquefois, dans les livres les plus frivoles, les vues les plus sages. Je me rappelle avoir remarqué, dans l'agréable roman de Gil-Blas, un passage qui devrait être une leçon pour tous les gouvernemens. Gil-Blas conte que le ministre d'Espagne, dont il était secrétaire, faisait tenir, dans ses bureaux, un grand registre qui contenait les renseignemens recueillis sur tous les nobles du royaume, seuls éligibles alors aux premières places. Chacun d'eux avait son article à part, où il était dépeint sous tous les traits qui le rendaient recommandable ou méprisable. Là étaient consignés tous les faits de bravoure, de sagesse

------

(1) J'ai vu deux conseillers-auditeurs, en place, l'un depuis huit ans, et l'autre depuis cinq, ne pouvoir, malgré leur mérite et la présentation de leur chef, se faire jour pour arriver, à travers une douzaine de promotions, à une place de conseiller.

et de désintéressement, ainsi que tous les traits de lâcheté, de bassesse et d'avidité. Tout était noté avec le plus grand soin et le plus juste discernement; et toutes les fois qu'il était question de nommer à une place, c'était dans cette statistique morale qu'on trouvait de quoi apprécier le mérite des postulans, et les motifs de préférence ou d'exclusion (1).

---

(1) Je m'avisai, je ne sais à quelle époque, étant procureur-général, de proposer au grand-juge, pour arrêter l'impu██████e des solliciteurs, dont je pourrais citer des traits qui passent toute mesure, de noter dans un registre, à l'article de chaque membre de l'ordre judiciaire, les recommandations, soit privées, soit officielles, qui en auraient provoqué la nomination, afin que si ce fonctionnaire se comportait mal, et manifestait des sentimens indignes du magistrat, le ministre pût se tenir en garde, pour l'avenir, contre les protecteurs qui auraient surpris sa religion, et faire peser sur eux une responsabilité morale, en leur adressant, surtout si c'était des fonctionnaires publics, une censure méritée. Il me semble que cette mesure, étant adoptée et connue, mettrait quelques bornes à la légèreté, à l'indiscrétion et aux intrigues avec lesquelles les places sont poursuivies. Je voudrais que toutes les recommandations fussent par écrit, pour qu'on ne pût les nier.

CHAPITRE VII.

Des ordonnances. — Des garanties.

A des magistrats bien choisis, et forts de l'estime publique justement acquise, il est nécessaire d'accorder des attributions, je ne dis pas illimitées, mais assez étendues pour qu'ils puissent s'acquitter efficacement de la mission dont ils sont chargés, et par-là rendre leur caractère encore plus respectable.

Dans un Etat qui jouit d'une bonne Constitution, je dis bonne, pourvu qu'elle ait pour résultat l'inviolabilité des personnes et des propriétés, il est nécessaire de garantir cette constitution des atteintes du Gouvernement. Je ne suis pas de ces esprits inquiets qui voient partout des fabricateurs de despotisme, et je regarde la défiance exagérée de la part du peuple, comme le plus dangereux écueil pour la liberté; mais il est bon de prévenir les violations partielles des lois, qui peuvent échapper aux gouvernans les mieux intentionnés, sans même qu'ils s'en aperçoivent. Les tribunaux n'ont aucune inspection sur la confection des lois :

il y a un corps législatif qui est chargé de les faire. J'aurais même de la peine à croire que les juges dussent contrôler les réglemens d'administration générale, dans la crainte qu'il n'en résultât une lutte entre le pouvoir judiciaire et le pouvoir exécutif; mais les ordonnances particulières, rendues en faveur ou contre les individus, ou pour des localités, doivent-elles être obligatoires pour les tribunaux à qui elles sont adressées, sans qu'ils puissent vérifier, avant leur exécution, si elles n'ont rien de contraire aux lois, et surtout aux lois fondamentales? Louis XII ne recommandait rien tant aux magistrats que de n'avoir pas égard à ses ordres, lorsqu'ils les reconnaîtraient surpris à sa religion. Les concessions faites par l'autorité royale pouvaient être attaquées comme *obreptices* ou *subreptices* : les lettres de grâce n'étaient pas même exemptes de cette vérification; il fallait examiner, avant de les mettre à exécution, si l'exposé qui les avait motivées était conforme aux faits constatés par la procédure. Je ne veux point fixer des limites; je ne fais que proposer des doutes. Si un candidat, par exemple, est nommé juge sans avoir l'âge requis, faudra-t-il l'admettre au serment?

J'ai vu, sous l'empire de la Charte, un conseiller, qui était plein de vie, remplacé comme mort ; on m'a assuré que quelques juges n'avaient pas de grades, que d'autres n'avaient pas l'âge requis, à l'époque de leur nomination. Des dispenses d'âge ont été accordées ; sont-elles valides ? Un commissaire du Roi a nommé des juges, a changé le siége d'une Cour ; des arrêts ont été annulés autrement que par la voie de la cassation ; si le Gouvernement (c'est une supposition) créait une commission extraordinaire, quelle est l'autorité qui pourrait s'y opposer ? Si un impôt était établi sans le consentement de la législature, faudrait-il que les tribunaux en appuyassent la perception par leurs arrêts ? Combien d'abus de pouvoir et de coups d'autorité, émanés du Gouvernement intermédiaire, auraient été épargnés à la nation, si des tribunaux fortement constitués avaient pu légalement les repousser. Combien d'empiètemens de la part de l'autorité administrative et de la force militaire auraient été prévenus par le même moyen ! Rien n'est réglé sur un sujet aussi important. C'est là toutefois qu'on trouvera les seules garanties qu'on réclame depuis si long-temps, et la

force d'inertie la plus puissante et la moins
dangereuse de toutes. On aura beau fonder
des conseils communaux, des administrations
populaires ; les autorités administratives ne
sont que les auxiliaires du Gouvernement; si
la démocratie domine dans ces corps, et qu'ils
veuillent résister, il y aura anarchie ; s'ils sont
faibles et subjugués, vous aurez le despotisme.

Sera-ce la chambre législative qui arrêtera les
entreprises du pouvoir exécutif? mais quelle
prise a-t-elle sur un pouvoir qui lui est entièrement étranger? est-ce avec la responsabilité ministérielle et la mise en accusation qu'elle
compte nous mettre à l'abri des mesures in-
constitutionnelles ? Mais, sans revenir sur l'illusion et les dangers de cette responsabilité, les
poursuites de la chambre contre le ministre
signataire, neutraliseront-elles, répareront-
elles le dommage causé à la partie lésée?
faudra-t-il que l'individu, frappé par des
ordres illégaux, accoure du fond de sa province, pour se mesurer avec une partie aussi
puissante? et si l'inconstitutionnalité n'est
que l'effet d'une de ces erreurs si communes
aux chefs d'un vaste État, et incapable de
faire la matière d'une accusation, quelle res-

source restera-t-il aux individus, aux communes ou aux corps qui auront à se plaindre d'un acte ministériel? On s'évertue à chercher bien loin des garanties, et on néglige celles qui sont sous la main : que les tribunaux soient autorisés à paralyser par leur intervention toute atteinte portée par le gouvernement à la liberté individuelle et aux propriétés: et tout est dit, et on fait tout ce qu'il est possible de faire.

« Le seul corps, dit le Montesquieu de
» l'Italie, qui, dans les monarchies, doive ba-
» lancer l'autorité du prince, celui qu'on peut
» véritablement regarder comme une partie
» intégrante de la constitution, c'est le corps
» des magistrats. Voilà le frein qui arrêtera
» les abus de l'autorité du monarque. *C'est*
» *l'existence d'un corps de magistrature et*
» *la vigueur de ses opérations, qui dis-*
» *tinguent la monarchie du despotisme* » (1).
Et il faut remarquer que Filangieri parle d'un État où existe un corps législatif.

____

(1) FILANGIERI, *Science de la législature;* ch. 18.

CHAPITRE VIII.

Moyens de répression.

Mais ,s'il faut poser des barrières contre les entreprises du Gouvernement, le Gouvernement en a aussi besoin pour repousser les attaques dirigées contre lui et contre l'ordre public. Si une chambre de députés (il faut tout prévoir) résistait à la dissolution; si elle s'avisait, à l'exemple de l'assemblée législative, de prétendre que ses décrets doivent être exécutés sans sanction royale, quel parti y aurait-il à prendre? faudrait-il faire marcher des troupes, faire arrêter les mutins, et violer la sauve-garde législative? non, il n'est pas besoin de coups d'état. Laissez faire ; avec des tribunaux fortement constitués, vous n'avez rien à craindre. Si la chambre s'avise de donner des ordres, ils ne seront point exécutés. Ses entreprises viendront se briser contre l'immobilité judiciaire (1).

____

(1) A la nouvelle de la suspension du roi, en 1793, un des commissaires du Roi fit part aux membres du

Ce ne sont là que des suppositions ha-
sardées que notre sécurité présente ne nous
laisse envisager que dans le lointain. Mais il
est des dangers plus réels contre lesquels il
est nécessaire d'armer le Gouvernement et les
tribunaux. Après avoir contenu les pouvoirs
dans leurs limites, il faut songer à réprimer
les passions des individus. Avec l'état actuel
des choses, il y a trop de faiblesse dans les
moyens répressifs. Il ne faut pas d'exception:
mais, pour que la règle générale ne soit pas
exposée à être enfreinte, il faut qu'elle soit
forte, et qu'elle pourvoie à tous les accidens:

---

tribunal auquel il était attaché, de la ferme résolution
où il était de laisser sans publication et sans enregistrement , les décrets de l'Assemblée législative ,
qui ne seraient pas sanctionnés, comme étant sans caractère légal, et contraires à la constitution qu'il avait
juré de maintenir. Ce magistrat fut privé de l'honneur de donner un si bel exemple de fidélité, parce
qu'il fut lui-même suspendu, comme tous ses collègues, avant l'arrivée des actes destructifs de la royauté.
Mais s'il avait le droit, s'il était de son devoir de refuser son ministère à des actes inconstitutionnels,
pourquoi ne pas reconnaître que la même obligation
doit être imposée à la magistrature actuelle, et pour
toutes les occasions où la Charte serait violée?

sans quoi, il faudra recourir sans cesse à des mesures contraires au droit commun, et jeter l'alarme dans les esprits, par des moyens de police, et le déploiement de la force publique, mesures qui finissent toujours par déconsidérer et affaiblir les gouvernemens.

Il est des occasions où le moindre retard apporté à l'arrestation d'un individu peut faire évader un grand coupable, effacer les traces du crime, ou faire éclater quelque funeste complot.

Accordez au chef de la justice le droit de mettre sous un mandat d'amener, pendant quinze jours, tout individu suspect d'un crime emportant peine afflictive; pareille attribution aux procureurs généraux pendant huit jours, et aux procureurs du roi pendant vingt-quatre heures : passé ce terme, sans que l'individu ait été livré à la justice, ordre au gardien de le mettre en liberté, sous peine d'attentat à la liberté individuelle. Même peine contre les officiers de police, qui, dûment avertis, ne feraient pas élargir l'homme illégalement détenu.

J'allais parler de la haute police, mais où est-elle cette haute police? par quelle loi a-t-elle été établie, définie, régularisée? Je ne puis la combattre, parce que je ne sais où la trouver. Tout ce que je puis dire, c'est qu'en principe, la direction de l'esprit public, les réglemens d'administration générale, la surveillance sur la masse de la société, doivent appartenir au pouvoir exécutif. Mais tout ce qui touche aux individus et aux propriétés particulières, ne peut faire partie, sans altérer la sécurité des citoyens, que des attributions judiciaires : et s'il faut une surveillance secrète sur les personnes, c'est aux procureurs-généraux qu'elle doit être accordée, à la charge de répondre des abus de pouvoir devant les Cours royales.

Il semble que, pour se passer d'un grand pouvoir judiciaire, on affecte d'appeler au secours de la monarchie, les corporations commerciales, religieuses et nobiliaires. Il n'est pas de mon sujet d'examiner jusqu'à quel point ces auxiliaires qu'on invoque, peuvent être utiles ou dangereux à l'ordre public; je n'irai point chercher dans l'histoire de nouveaux alimens à la malignité jalouse et au goût effréné du nivellement. Sans doute, il faut, dans un état monarchique, des rangs, des distinctions, une religion, l'hérédité des souvenirs et du respect, pour donner de la force aux lois, de la dignité au pouvoir, de l'émulation au mérite, un appui à la morale, et pour servir de degrés et d'ornement au trône ; et c'est ce qui montre que les priviléges, lorsqu'ils fortifient l'autorité, par la considération qu'ils donnent à ses dépositaires, sont favorables à la liberté. Mais il en est des moyens, comme des principes dont ils sont les conséquences : les uns et les autres, je n'en excepterai pas les meilleurs, ont leurs excès à côté de leur utilité, et ils ont besoin d'être modifiés et contenus par le principe conservateur, seul principe qui soit illimité. J'ajouterai que toute aggrégation, qui est sans pouvoir, est tentée d'envier et de contrecarrer le pouvoir; que toute société qui, sans participer au Gouvernement, se mêle du Gouvernement, peut faire craindre qu'elle ne devienne factieuse. Enfin, je demanderai si, quelles que soient les corporations qu'on veuille rétablir, il ne faudra pas, surtout si elles blessent en apparence l'amour du peuple pour l'égalité, que des tribunaux vigoureux les protègent et les fassent respecter, à moins qu'on ne leur donne, ou qu'on ne leur permette de prendre les armes, pour se défendre, et pour commencer ainsi la guerre civile.

Ah! qu'on recoure franchement à la justice, si on veut soutenir l'édifice social. C'est là seulement que l'on trouve une mer sans écueils, un port abrité, une force sans tyrannie, un sentiment sans exagération. Il n'y a pas deux justices, une véritable et une fausse; il n'y en a qu'une seule, à laquelle on ne peut se méprendre, et on n'a jamais ouï dire que l'amour de la justice soit devenu un fanàtisme : je me trompe; supposez un pays où les offenses ne soient pas réprimées par les tribunaux; le sentiment de la conservation y exaltera les têtes, et la passion de la justice ne pouvant être satisfaite, on y suppléera par la vengeance qui, avant l'établissement des sociétés, était la seule justice. Si *l'amour de la justice* n'est le plus souvent, suivant Larochefoucault, *que la crainte de recevoir une injustice,* combien ce sentiment ne doit-il pas être plus vif dans celui qui éprouve le mal qu'il a craint! Ce fanatisme prouve toujours de plus en plus combien la justice est nécessaire, puisque c'est l'absence de cette justice qui le fait naître.

CHAPITRE IX.

Objections.

Je vois quelques personnes crier à l'aristocratie judiciaire. Mais, si par aristocratie, on
entend une supériorité légale, je ne vois pas
qu'on puisse s'en passer. Que les magistrats
soient, comme membres de la société, les
égaux, aux yeux de la loi, des autres citoyens,
personne ne le conteste. Mais, comme fonctionnaires publics, ils sont les supérieurs de
leurs justiciables, ou, ce qui est la même
chose, ils exercent sur eux un pouvoir que
la loi leur a confié. Or, si, pour le propre
avantage des subordonnés, et la sûreté de
l'État dont ils font partie, il est nécessaire
que le pouvoir soit investi d'une dignité qui
le fasse respecter, et d'une force qui repousse
toutes les attaques, qui est-ce qui pourra s'en
plaindre?

Sera-ce de l'oligarchie qu'on croira trouver
dans ce retour aux anciens usages? mais il
serait fort à désirer que la magistrature devînt un objet d'ambition pour les familles ri-

ches : car l'une des principales causes de l'a-
vilissement dans lequel elle est tombée,
vient de ce que les places de juges sont re-
gardées plutôt comme une ressource, que
comme un honneur, et qu'elles sont dédai-
gnées par l'opulence.

Je prévois des objections qui, quoique non
moins futiles, peuvent être plus redoutables.
Le Gouvernement voudra-t-il soumettre sa
prérogative à de nouvelles limitations? les ministres plus personnellement intéressés à conserver toutes les branches de leur influence,
n'exciperont-ils pas de la disposition constitu-
tionnelle qui confie au roi la nomination des
juges? mais proposer, est-ce nommer? le monarque n'est-il pas intéressé à faire de bons
choix, à se prémunir contre les surprises, et à
donner de la force au pouvoir qui fait exécuter les lois? la maxime que toute justice
vient du trône, ne date-t-elle pas des premiers
temps de la monarchie? nos anciens rois se
sont-ils jamais fait une peine de sanctionner
le droit de présentation dont jouissaient les
tribunaux? Et, après que les places furent devenues une propriété, ne suffisait-il pas au
candidat de présenter le titre de son acquisition, pour obtenir l'institution royale?

Dieu me préserve de vouloir affaiblir le
pouvoir suprème, cette clef de la voûte qui
unit, resserre et consolide toutes les parties
de l'édifice! C'est bien plutôt dans l'intention
de lui donner plus de garanties que je propose d'agrandir et de fortifier le cercle de la
magistrature. Avec les élémens qui composent
actuellement l'état moral et politique de la
France; avec un pouvoir exécutif dépourvu
de ces moyens de répression qui, quoique
dangereux, peut-être, pour les citoyens, pour-
voyaient à la sûreté de l'État; avec une assemblée législative qui, par l'impulsion naturelle de sa surveillance, doit tendre à agrandir
sa sphère, à se mêler du Gouvernement, et
qui peut, entraînée par une inquiétude patriotique, déconsidérer les agens, pour ne pas
dire le chef de la puissance exécutive; avec
cette liberté de la presse qui établit une lutte
permanente entre les mécontens et l'autorité
publique, et dont les écarts sont si difficiles à
réprimer, parce que le libelliste se justifie
avec le corps du délit, et trouve des appro-
bateurs, et quelquefois des complices, dans
presque tous ses lecteurs; avec cet état d'an-
xiété, cet esprit de parti, cet instinct de méfiance, ce choc de prétentions contraires, qui

agitent la nation; avec ce nivellement des
rangs qui affaiblit la subordination et l'obéissance; avec cette égalité qui exalte toutes les
ambitions; avec cette opposition entre le passé
et le présent qui rend l'avenir incertain ; avec
ces doctrines pernicieuses et le relâchement de
tous les liens, ne faut-il pas une autorité forte,
répressive et protectrice, qui maintienne
l'équilibre , présente une égide aux coups
portés à l'autorité, un frein à la violence des
passions, une sauve-garde à la sûreté des citoyens. Or, puisque les tribunaux peuvent
seuls, sous un régime constitutionnel , réunir
ces grandes et puissantes garanties, quelle
fausse prudence, quelle déplorable antipathie
pourraient les leur refuser? « C'est surtout
dans les monarchies, dit M. Henrion de
Pansei, que le pouvoir judiciaire doit être
bien constitué, parce que les distinctions des
rangs y excitant des jalousies, il faut des *tribunaux forts*, pour réprimer les entreprises
des peuples et des grands (1). »

Craindrait-on qu'une magistrature fortement et noblement constituée, pût devenir

---

(1) *De l'Autorité judiciaire;* chap. 1er, pag. 71.

redoutable au trône et à la liberté? Si l'ancien
gouvernement royal n'aimait pas *les épines
des compagnies ,* c'est qu'elles s'opposaient
à l'extension excessive des impôts et aux déprédations des ministres; c'est parce qu'en
l'absence des assemblées nationales, elles par-
ticipaient par leur *veto* négatif à la puissance
législative. Mais leur fidélité a-t-elle été jamais
douteuse? et quand le clergé et la noblesse,
égarés par le fanatisme religieux, appelaient
sur le trône un prince étranger, et prêchaient
la dépendance de la couronne, les parlemens
n'ont-ils pas été les premiers à proclamer la
loi salique, et à déclarer que le roi ne
dépend que de Dieu et de son épée? Ils ont
commis quelques erreurs : mais, quelle réunion d'hommes en est exempte? ils ont demandé les états - généraux : mais, pouvons-
nous leur en faire un crime, nous, qui avons
tous appelé par nos vœux, non une révolution
désastreuse, mais la réforme des abus et le
retour de nos anciennes institutions? Peut-on
comparer des corps délibérans sur des matières d'état, avec des tribunaux occupés uniquement de la distribution de la justice, une
magistrature héréditaire et qui formait l'apa-
nage de quelques familles privilégiées, avec une

association se renouvelant insensiblement à chaque vacance, composée de tous les élémens nationaux, de l'élite des citoyens de toutes les classes? Des magistrats dont la vie est tout entière consacrée à l'étude des lois, au maintien de l'ordre public, à l'application des principes conservateurs, et dont l'esprit et le cœur ne sont alimentés que d'une nourriture saine, qui calme les passions, et insinue dans tout leur être, l'amour de leur état , des institutions , du Gouvernement et de la patrie, peuvent-ils devenir,non pas individuellement, mais tous ensemble, des novateurs inquiets, des promoteurs de révolutions, et des oppresseurs du peuple? Est-ce l'aréopage qui a ouvert les portes d'Athènes à Philippe? est-ce le sénat de Sparte qui a affaibli les institutions de Lycurgue? sont-ce les mandarins qui ont appelé dans la Chine les tartares du nord? qu'on me cite un seul exemple d'une assemblée de juges qui aient attenté à la liberté de leur pays.

Si chaque Cour royale était livrée à sa propre impulsion , on pourrait craindre , comme du temps des états-provinciaux, des tiraillemens en sens inverse, et un esprit d'opposition, sous diverses formes : mais elles sont

toutes surveillées, contenues, dominées par
un régulateur suprême, par une Cour unique,
composée de l'élite des magistrats, d'hommes
mûris et refroidis par l'âge et l'expérience, et
qui, prenant à la source de tous les pouvoirs,
l'amour du Gouvernement et des lois, jouissent d'une considération et d'une influence
bien plus grandes que celles de l'ancien conseil du Roi.

Il est possible qu'on me fasse des objections d'un genre bien différent. Je m'attends à
ce qu'on me dira : Croyez-vous que la magistrature actuelle soit assez forte pour supporter
le fardeau dont vous voulez la surcharger?
Pourra-t-elle jamais recouvrer cette vigueur et
cette dignité qui, dans ses beaux jours, écartait ou brisait tous les obstacles? Ne vous en
flattez pas; le prestige est détruit; le pouvoir
a été analysé, disséqué, réduit à ses simples
élémens : un fonctionnaire public ne pourra
plus être, aux yeux de nos Français régéné-
rés, qu'un mandataire du peuple souverain;
le mal est irréparable.

Ah! ne renonçons pas aussi facilement
à notre restauration, et gardons-nous de ne
voir qu'un malade désespéré dans un corps
qui, avec de bons remèdes, peut recouvrer

sa première vigueur. Croit-on qu'avec des attributions plus larges , une considération
moins restreinte, des choix mieux garantis,
des traitemens mieux proportionnés, une confiance moins limitée, on ne puisse élever le
pouvoir judiciaire à une hauteur qui le rende
inaccessible aux attaques de l'autorité et des
partis, et aux traits de cet esprit envieux et
anarchique qui ne rabaisse les pouvoirs que
pour y atteindre plus facilement ? Si mes
moyens ne suffisent pas, qu'on en cherche
d'autres, pourvu qu'ils arrivent au même
but. On se rappelle ce qu'étaient les procu-
reurs-généraux-syndics , du temps des administrations départementales ; on pouvait les
craindre, mais on ne les respectait pas : on
leur substitua les préfets , qui, en moins de
deux ans, devinrent de grands personnages,
mais ne travaillant que pour le Gouvernement. C'est parce que nos caractères se dé-
bilitent , qu'il faut les fortifier par des institutions fortes ; c'est parce que le respect nous
est à charge, qu'il faut le ranimer par les
vertus des gens en place, et par les attributs
honorifiques qui ornent et font germer le
mérite ; c'est parce que nous voulons être tous

égaux, qu'il faut du moins établir une supériorité civile assez puissante pour se défendre
et défendre tous les intérêts.

C'est ainsi que s'évanouissent toutes les objections et toutes les craintes.

CHAPITRE X.

Influence d'une bonne justice sur la
stabilité des Etats.

AH! craignons bien plutôt qu'une mauvaise distribution de la justice n'affaiblisse les
forces d'un empire, et n'en prépare la décadence! L'Etat le plus solide, n'est-ce pas celui qui est cimenté par l'amour des lois et de
la patrie? Quand tous les citoyens jouissent
d'une sécurité parfaite, quand la possession
de tout ce qu'ils chérissent le plus leur est
assurée, qu'ils sont à l'abri de tout arbitraire et de toute oppression, et qu'ils ne
trouvent rien dans l'avenir qui soit préférable
au présent, l'Etat ne peut avoir dans son
sein, pour ennemis, que quelques malfaiteurs qui sont bientôt réprimés, ou quelques

ambitieux dont il est facile d'arracher le
masque. S'il est attaqué au-dehors par quelque voisin inquiet, tous les cœurs, tous les
bras, toutes les forces individuelles volent à
la défense d'une patrie qui rend tous ses eu-
fans heureux.

Pourquoi l'esprit novateur a-t-il eu tant de
peine à remuer les Allemands, et les a-t-il trouvés si peu disposés à écouter les prédications
libérales. « C'est, répond Mme de Staël, parce
» qu'ils jouissaient du repos, de la sûreté ;
» *parce que les tribunaux promettaient une*
» *justice sûre, quoique lente*, contre tout acte
» arbitraire ; parce que personne n'était froissé
» ni dans ses droits ni dans ses jouissances, et
» qu'on ne sentait pas le besoin d'un ordre de
» choses qui maintînt ce bonheur. »

Mais, s'il n'y a de sûreté pour personne, si
les tribunaux sont impuissans ; si les accusations deviennent un moyen de persécution ; si
la propriété devient la proie du plus audacieux ; les honneurs, le partage des gens corrompus ; où sera l'amour de la patrie ? qui s'in-
téressera pour un Gouvernement oppresseur
ou faible ? Il n'aura bientôt pour agens que
les instrumens de sa tyrannie, ou les auteurs
de sa faiblesse, et pour défenseurs, que des

mercenaires qui ne donneront d'autre garantie de leur valeur que l'amour du pillage,
et d'autre gage de leur fidélité, que la haine
des citoyens.

Voyez la liberté romaine affaiblie, attaquée
par l'anarchie judiciaire. Avec des juges si
faciles à passer de l'indulgence à la passion,
et de la passion à l'indulgence, on vit condamner impitoyablement les plus honnêtes citoyens, et les plus grands scélérats échapper à
la juste sévérité des lois. Dès-lors, n'y ayant
plus ni sauve-garde pour l'homme de bien,
ni frein pour le méchant, chacun chercha à
pourvoir à sa sûreté, ou à satisfaire sa vengeance. Des actes publics de violence et des
assassinats ne trouvèrent ni accusateurs, ni
tribunaux; la licence vint donner la main à
l'ambition; les faibles cherchèrent l'appui des
forts, et les partis se formèrent. De là, la dé-
sunion des citoyens, les coalitions privées, la
guerre civile, les proscriptions, les confisca-
tions; et, pour remède à tant de maux, le
despotisme d'un seul.

« C'est bien justement, dit Cicéron, que
» nous subissons le triste sort que nous avons
» mérité. Si nous n'avions pas toléré les cri-
» mes de *plusieurs,* jamais une puissance si

» désordonnée ne se serait réunie sur la tête
» *d'un seul* (1). »

Ailleurs, il attribue la guerre italique à la
terreur qu'avaient inspiré les jugemens : *prop-*
ter judiciorum metum excitatum.

« Toute l'Asie m'attend comme son libéra-
» teur, disait Mithridate, prêt à tomber avec
» son armée sur l'empire romain ; tant ont
» excité de haine contre la république, les ra-
» pines des proconsuls, les exécutions des gens
» d'affaires , et les calomnies des jugemens. »

M. de Lacretelle (2) croit que l'établissement
d'un accusateur public, à Rome, eût sauvé
la république. Mais Rome était minée, non-
seulement par ce qui lui manquait, mais encore par ce qu'elle avait de trop. Elle était
minée par cette foule de juges qui, changeant
à chaque affaire, apportaient dans les jugemens les mêmes passions qu'ils étaient obligés de réprimer (3).

---

(1) *Jure igitur plectimur : nisi enim multorum*
impunita scelera tulissemus , nunquam ad unum
tanta percrinisset licentia : des officiis, lib. II.

(2) *Dissertation sur le ministère public ;* pag. 258.

(3) M. Henrion de Pansei croit, avec plus de raison, que la perte de la république romaine eut pour

Les principales révolutions ont été provo-
quées par des atteintes portées à la sûreté des
citoyens. L'outrage fait à Lucrèce mit fin à
la royauté; le débiteur qui se montra sur la
place, couvert de plaies, fit changer la forme
de la république romaine; la mort de Virgi-
nie fit chasser les décemvirs; les vêpres sici-
liennes eurent pour cause l'insolence des officiers français; les vexations du duc d'Albe
rompirent les fers de la Hollande; l'amour
paternel fit de Guillaume Tell le libérateur
de sa patrie; les cris d'une femme, vexée par
la perception d'un impôt oppressif, soulevè-
rent la Corse contre le gouvernement génois;
les révolutionnaires de 1793 ne trouvèrent
pas de meilleurs moyens pour abattre le
trône, que de lâcher la bride à tous les crimes et à tous les désordres; et une des grandes
fautes de l'Assemblée constituante, ce fut de

-----

cause l'innovation qui ôta les jugemens aux sénateurs,
et les transféra dans le corps des chevaliers. (*De l'Autorité judiciaire.*) Machiavel attribue la plupart des
maux de Florence, sa patrie, à la faiblesse et au petit nombre de juges incapables de réprimer les coupables puissans. (*Réflexions sur la première décade
de Tite-Live;* liv. 1ᵉʳ, chap. 7.)

n'avoir pas établi des tribunaux assez forts pour consolider son frêle édifice (1).

---

(1) « La constitution aurait duré, dit M.me de Staël dans ses *Considérations sur les principaux événemens de la révolution française,* si l'on avait été sévère envers les écrits et les rassemblemens qui provoquaient au désordre. » pag. 10.

FIN.

IMPRIMERIE DE DENUGON.

www.ingramcontent.com/pod-product-compliance
Ingram Content Group UK Ltd.
Pitfield, Milton Keynes, MK11 3LW, UK
UKHW022058120726
13694UKWH00001B/209